KB115201

3쿠션 경기의 고득점을 위한

당구 3쿠션 실전게임
billiards 3cushion actual game

황창영 저

전원문화사

머리말

그동안 우리 나라에서의 스리쿠션 게임은 돈내기 게임 등 음성적으로 유행되어 왔고, 실제로 당구장은 부정적인 이미지로 인식되어 온 것이 사실이다. 하지만 최근 몇 년 사이의 당구에 대한 인식은 놀랄 만큼 변하여 당구 전용 방송국 빌리어드 TV방송에서 한국당구 최강전, 세계 3쿠션 당구 월드컵 경기 등을 24시간 방송 하고, 포켓볼 경기의 붐으로 인하여 여성층에까지 퍼져서 당구를 여가 선용의 하나로 즐기게 되었다.

요즘은 많은 당구인들이 4구 경기 못지 않게 3쿠션 경기를 즐기는 모습을 많이 보게 되는데, 3쿠션 경기는 4구 경기와는 달리 좀더 세밀하고 고차원적인 테크닉이 필요하다. 규정된 당구대에서 여러 가지 공략법(system)을 응용하여 득점하는 경기이다. 공이 놓여진 상황에 따라 여러 시스템 중 최선의 공략법을 선택하여 공략하게 되는데, 여기서 최선의 공략이란 자신에게 득점 확률이 가장 높고, 득점이 안되더라도 상대방에게 가장 낮은 득점이 돌아가도록 하는 공략법(defence play)을 말한다. 공격의 경우에도 효과적인 공략법(position play)의 선택이 필요하다.

포지션 플레이와 디펜스 플레이의 상호 관계를 인식하고 경기에 임한다면 여러분의 기량도 몰라볼 정도로 높아질 것이다. 자신에게 유리한 경기로 이끌기 위해서는 최선의 공략법을 선택해야 한다. 물론 선택한 공략법을 정확하게 실행하여 득점하려면 상황에 따른 바른 접근과 다양한 공략이 필수적인데, 이 책이 여러 면에서 도움을 줄 것이다.

3쿠션 경기가 요즘의 추세를 보면 올림픽 종목으로 채택될 가능성 마저 예견되고 있다. 당구가 건전하고 흥미로운 스포츠로 정착되고 있는 세계적인 추세처럼 우리 나라의 당구층도 보다 넓어져서 생활 스포츠로 자리잡았으면 한다.

마지막으로 이 책을 펴내는 데 많은 도움을 주신 모든분께 깊은 감사를 드리며, 아무쪼록 여러분이 모든 공략법을 마스터하여 실전 경기에 임하였을 때 최선의 기량을 발휘하길 바란다.

저자

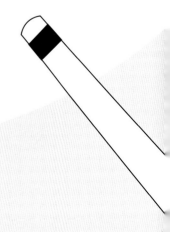

목차

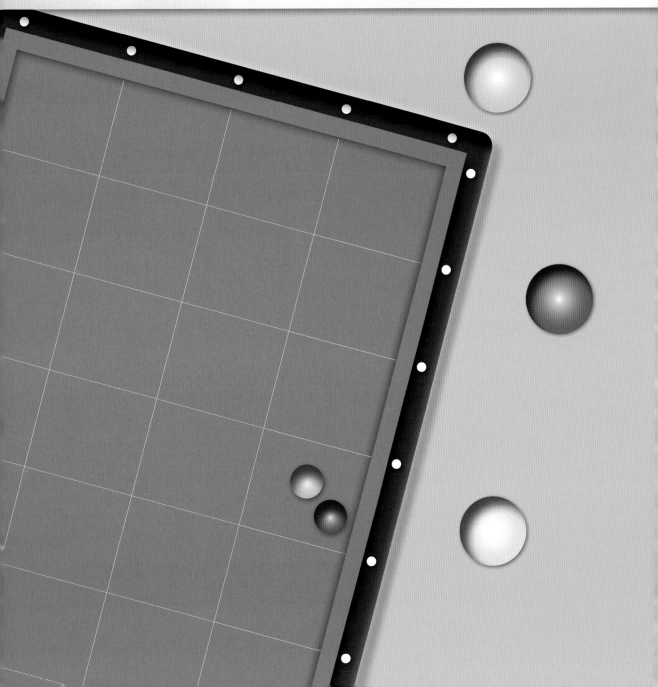

3쿠션 경기의 고득점자가
되기 위하여

제1장

3쿠션 경기의 고득점자가 되기 위하여

1. 스리쿠션 경기는 상대방의 최선의 공략법 선택을 놓고 벌이는 고난도 경기이다. 누가 더 최선의 공략법을 잘 선택했느냐에 따라 승패가 갈리게 된다.

   최선의 공략법 선택이란 오펜스 플레이(offense play), 즉 포지션 플레이(position play)와 디펜스 플레이(defence play)의 관계를 정확히 파악하고 상황을 따라 자신에게 유리하도록 계획하는 공략법을 말한다.

   포지션 플레이에만 너무 의식한 나머지 디펜스 플레이를 소홀히 하면 실수로 득점이 안 되었을 경우에 상대방에게 기회를 주게 된다. 반대로 디펜스 플레이에 치중하게 되면 소극적인 게임이 되어 상대방에게 힘으로 밀리게 된다. 따라서 포지션 플레이를 하되 디펜스 플레이를 항상 염두해 두어야 상대방에게 기회를 주지 않고 유리하게 경기를 주도해 나아갈 수 있다. '득점되면 포지션 플레이, 득점이 안 되면 디펜스'라는 말도 그와 같은 연유에서 나온 것으로 볼 수 있다.

2. 당구 경기는 무엇보다 심리전이다. 차분한 마음으로 득점하기 어려운 공이 왔을 때에도 가장 득점이 가능한 시스템으로 공략하되, 득점의 가능성이 희박한 공을 공략하는 만큼 항상 디펜스를 염두해 두어야 한다. 어려운 공이 왔을 때 신경질적으로 흥분한 나머지 실수하여 상대방에게 대량 득점의 기회를 주는 우를 범하지 말아야 한다. 당구는 두뇌 게임이다. 사람끼리 하는 경기이므로 상대방의 심리를 잘 파악하여 자신의 페이스(phase)로 이끌어야 한다. 상대가 강하게 밀어붙이더라도 위축되지 말고 좀더 세밀히 각도를 분석하여 풀어 나가는 자세가 바람직하다.

3. 포지션 플레이와 디펜스 플레이를 균형 있게 구사하려면 각 기본 시스템(공략법)을 모두 마스터해야 된다. 그러기 위해서는 먼저 기본기에 충실해야 한다. 이 책의 제2장과 제3장에서는 기본 기술과 여러 기본 시스템을 다루고 있고 제4장에서는 포지션 플레이를, 제5장에서는 디펜스 플레이를 각각 소개하고 있다.

4. 이 책의 내용만 확실히 마스터 한다면 여러분의 실력이 이미 프로 수준이 되었다고 해도 과언이 아니다. 공이란 한 가지 모양을 놓고도 치는 방법이 다양할 수밖에 없다. 다시 말해서 같은 모양을 놓고 어떤 사람은 하단을 칠 수도 있고, 또 어떤 사람은 상단을 칠 수도 있다. 이 책의 내용은 어디까지나 저자 나름의 여러 가지 모양을 풀어치는 방법을 기술한 것일 뿐, 이것이 정해라고 볼 수 없다는 점도 염두에 두기 바란다.

당구 실력을 늘리려면 자기 나름의 원칙을 세워서 자꾸 연습해야 한다. 그러다 보면 자기만의 당구 세계가 정립될 것이다. 남의 것이 좋게 보인다고 무조건 따라하지 말고, 남의 것을 소화하여 자신의 당구 세계로 받아들이는 것이 좋다.

3쿠션 경기를 위한 기본 기술

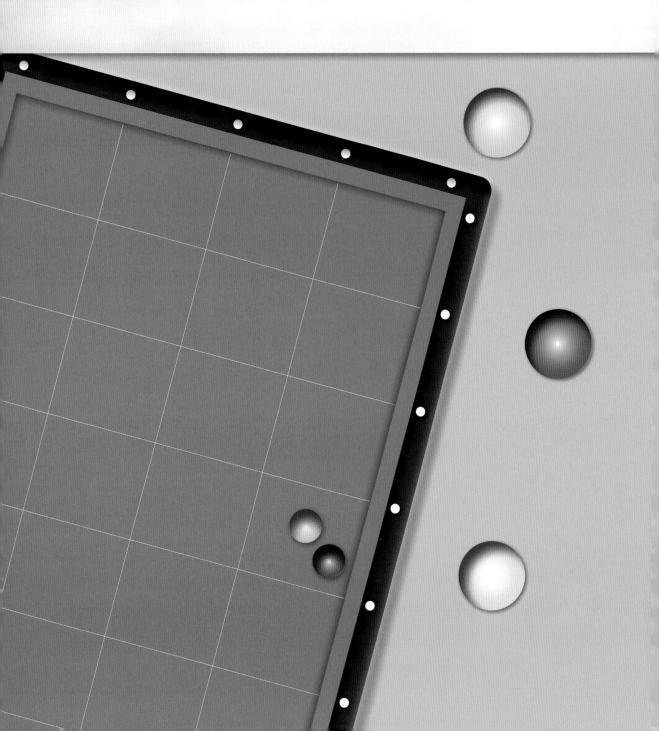

1 샷(shot)의 성질

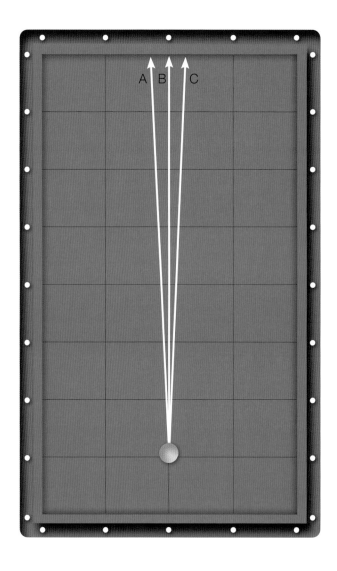

공에 회전력 없이 보통으로 치면 B점으로 이동하지만 공에 회전력을 많이 주고 약하게 치면 A점으로 이동하고, 강하게 치면 반대 방향, 즉 C점으로 이동한다.

2 기본 기술

● 끌어치기(draw shot)

당점

당점

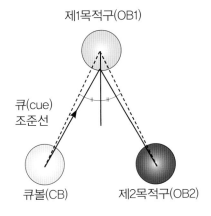

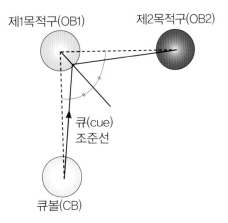

● 밀어치기(follow shot)

당점

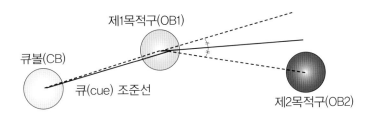

A : 당점은 상단에 무당을 주고 강하게 침.

B : 당점은 중단에 무당을 주고 강하게 침.

C : 당점은 하단에 무당을 주고 강하게 침.

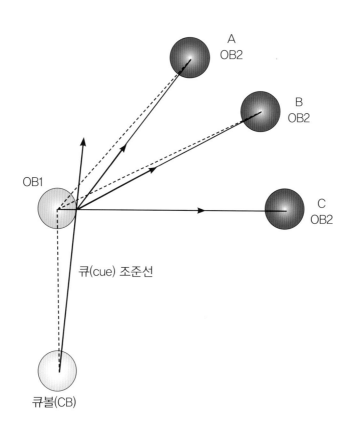

큐 조준선과 큐볼과 목적구의 접촉점

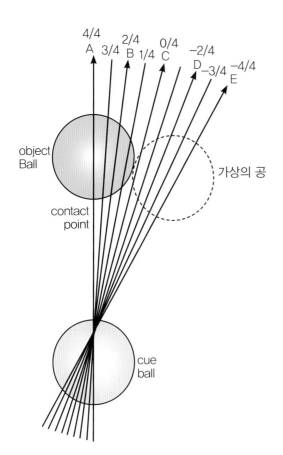

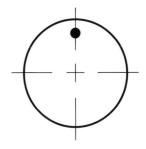

목적구(OB)에 대한 큐 조준점(aim point)		큐볼과 목적구의 접촉부분 (contact point)
A	목적구의 4/4	OB의 전부분
B	목적구의 2/4	OB의 3/4
C	목적구의 0/4	OB의 2/4
D	가상의 공 2/4	OB의 1/4
E	가상의 공 4/4	OB의 0/4(즉 OB를 얇게 맞힌다)

Tip을 주는 방법

- **팁(tip)** : 큐 끝의 가죽으로 된 부분을 팁(tip)이라고 한다. 또한 일반적으로 게임할 때 공의 회전력이 많고 적음에 따라 큐볼의 진행 방향이 결정되는데, 이때 공에 걸리는 회전력도 팁(tip)이라고 부른다.

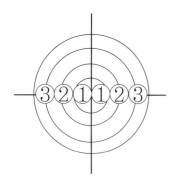

①번 당점 : 1 tip

②번 당점 : 2 tip

③번 당점 : 3 tip

주의할 점은 1 tip의 효과를 내려면, 타구(stroke)할 때 큐를 비틀거나 하면 안 된다.

 ## 공 두께를 보는 방법

(cue ball 이 제1목적구를 맞추는 두께)

공의 두께는 항상 큐의 연장선으로 제1목적구(OB1)를 노린다.

(1) 1/2 두께

큐볼의 중심이 제1목적구의 옆면을 거의 접선으로 보는 두께이다.
(CB의 중심이 OB의 옆면을 보는 두께이다)

강하게 칠 때

A(하단 tip) : CB의 중앙 하단을 강하게 치면 큐볼이 제1목적구를 맞고 약 90° 정도 꺽어서 이동한다.

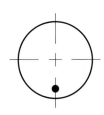 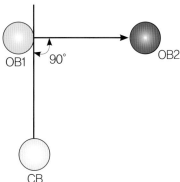

B(중단 tip) : CB의 정중심부를 강하게 치면 CB가 OB를 맞고 약 110°~115° 정도 꺽어서 이동한다.

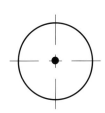 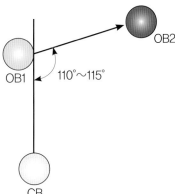

A(상단 tip) : CB의 정중앙 상단을 강하게 치면 CB가 OB를 맞고 약 130°~135° 정도 꺽어서 이동한다.

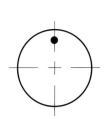 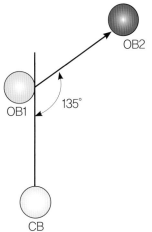

약하게 칠 때

큐볼을 약하게 타구(stroke)하여 제1목적구를 맞출 때에는 강하게 칠 때와는 달리 모든 tip(상단·중단·하단)에 따른 큐볼 진행 방향이 비슷하다.

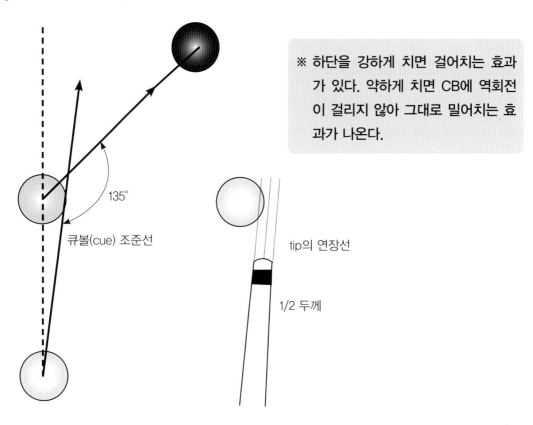

135°

큐볼(cue) 조준선

tip의 연장선

1/2 두께

※ 하단을 강하게 치면 걸어치는 효과가 있다. 약하게 치면 CB에 역회전이 걸리지 않아 그대로 밀어치는 효과가 나온다.

(2) 1/3 두께

1/3 두께란 큐볼의 중심에서 볼 때 큐의 연장선이 제1목적구를 벗어나, 큐 끝의 tip 1개만큼 벗어난 두께를 말한다.

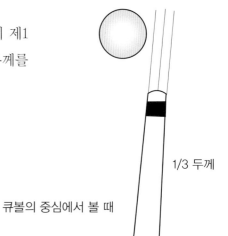

간격은 큐끝 두께만큼

1/3 두께

큐볼의 중심에서 볼 때

(3) 1/4 두께

큐 끝의 tip 2개만큼 제1적구로부터 벗어난 두께. 이때부터 공이 얇게 맞기 시작한다.

(4) 1/5 두께

큐 끝의 tip 3개만큼 제1적구로부터 벗어난 두께. 이 두께에서는 제1적구의 움직임이 별로 없다.

(5) 2/3 두께

큐 끝의 tip 1개만큼 제1적구로 이동한 두께

(6) 3/4 두께

큐 끝의 tip 2개만큼 제1적구로 이동한 두께

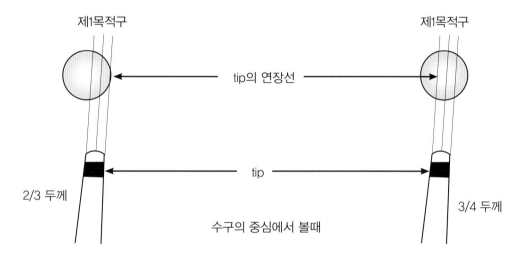

3쿠션의 전형적인 샷

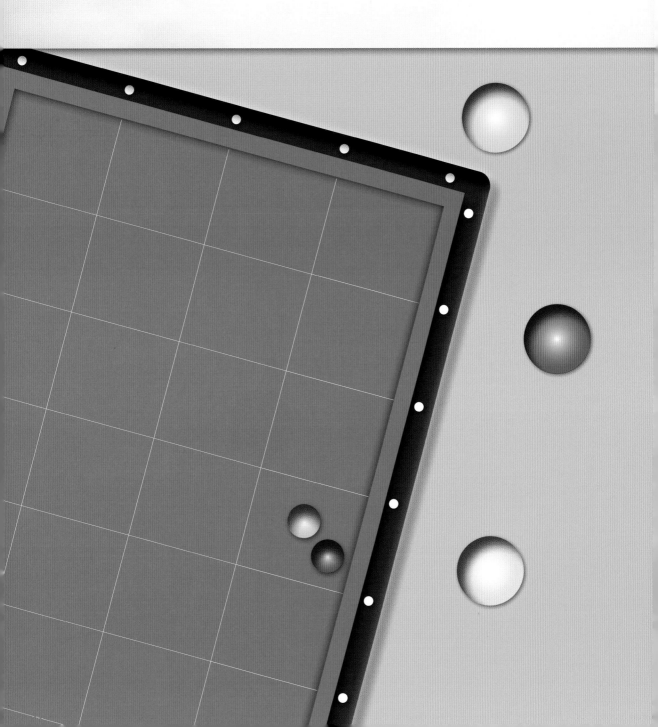

3쿠션의 전형적인 샷

이번 장에서는 3쿠션 경기 중 당구대 위에서 나타날 수 있는 여러 대표적인 공의 형태를 다루고 있다. 어떤 방법으로 풀어쳐야 유리한 게임으로 만들 수 있는가를 살펴보기로 하자.

그림 보는 방법

큐볼(cue ball)은 그림에서 'CB'라는 약자로 표시되며 공의 형태를 다음과 같이 표시한다.

목적구(object ball)는 그림에서 'OB'로 표시되며 제1목적구는 'OB1', 제2목적구는 'OB2'라는 약자로 표시된다. 공 형태는 다음과 같이 표시한다.

OB1   OB2

큐볼에 주는 **당점(tip)**은 공의 진행방향을 정북(北)으로 하여 다음과 같이 표시한다.

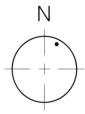

큐의 **겨냥점(aim point)**은 'AP'라는 약자로 표시되며 그림에서 다음과 같이 표시한다.

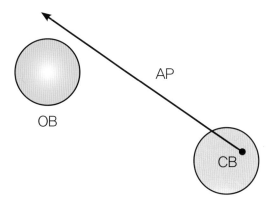

가상의 공(image ball)은 'IB'라는 약자로, 그림에서 다음과 같은 점선공으로 표시한다.

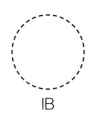

1 파이브 앤드 어 하프 시스템
(Five And A Half System)

제3쿠션 경기에 있어서 반드시 알아야할 기본적인 시스템으로 쿠션 먼저 치기뿐만 아니라 여러 다른 시스템들과 응용하여 유용하게 사용되는 시스템이다.

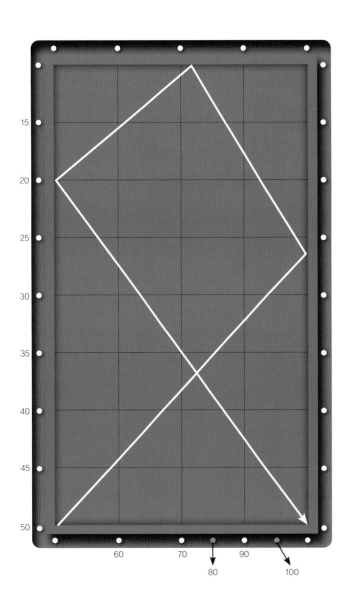

큐볼의 포인트

제1쿠션과 제3쿠션의 포인트

제3쿠션

제1쿠션

10

20

30

40

50

60

70

80

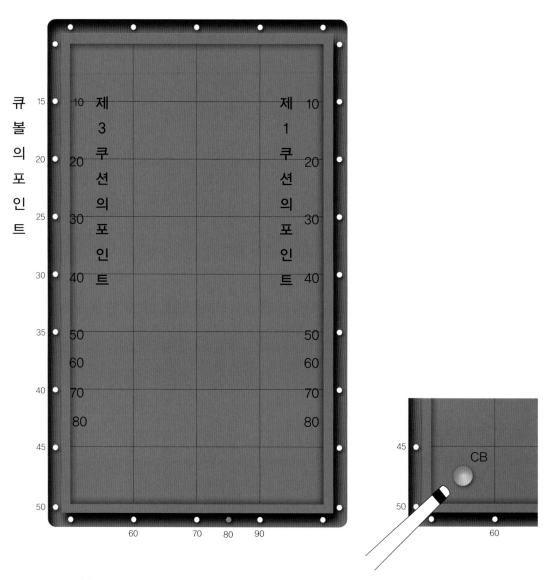

CB Point란?

뱅크 샷을 할 때의 CB 위치를 말한다. 즉 CB를 치고자할 때 큐와 당구대의 Point 위치와 겹치는 점이 CB Point가 된다.

계산법 : 제1쿠션의 point = 큐볼(CB)의 point − 제3쿠션의 point

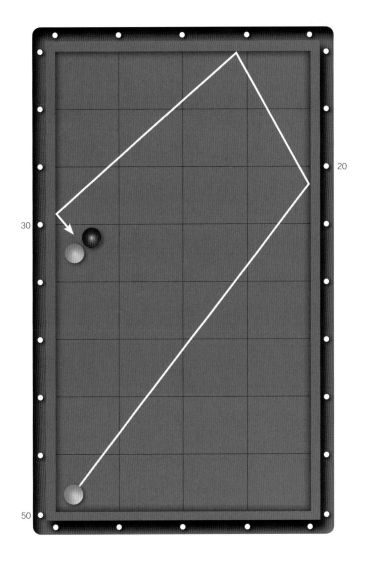

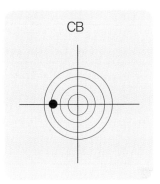

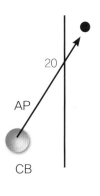

치는 방법 : 가볍게 밀어친다(너무 약하게 치지 않는다).

당점 : 중앙 좌측 약 2.5tip

계산법 : 큐볼의 point(50) − 제3쿠션(30) = 제1쿠션(20)

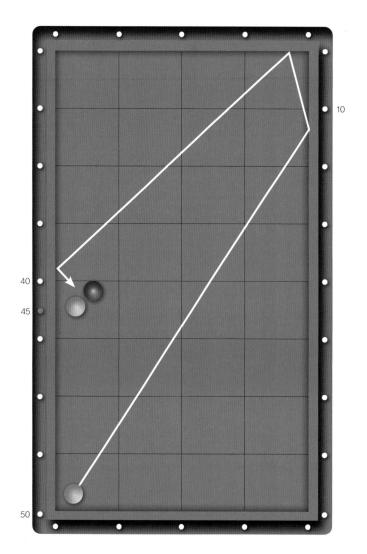

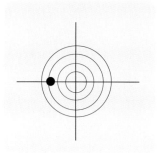

계산법 : 쿠볼의 point(50) − 제3쿠션 point(40) = 제1쿠션 point(10)

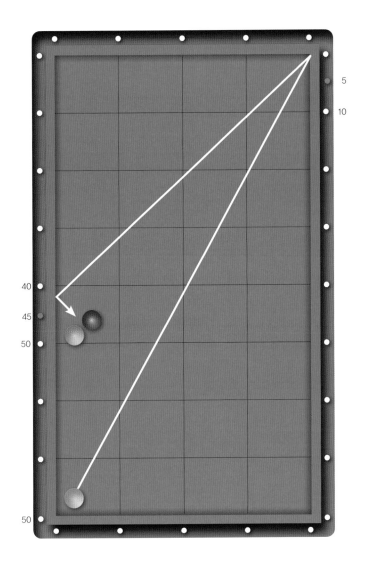

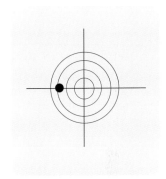

제3쿠션의 45지점으로 보내고 싶으면 계산보다 5point를 더 뺀다. 즉, 큐볼이 50 선상
에 있을 때 45포인트에 보내고 싶으면 제1쿠션의 5point를 보고 보낼 것이 아니라 코너의
0point를 큐(cue)로 조준하여 보내야 한다.

OB가 40포인트 이상(즉 45포인트)에 있을 때

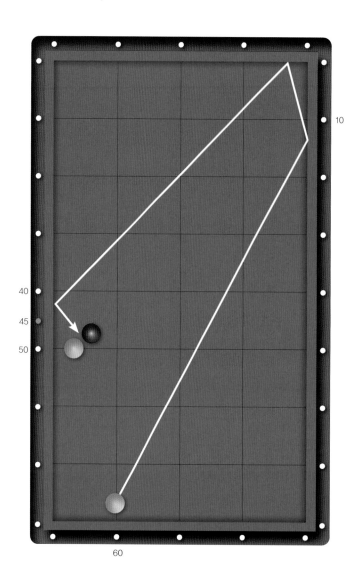

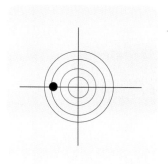

큐볼의 point		제3쿠션 point		추가 공제		제1쿠션 point
60	−	45	−	5	=	10

수구가 60point 선상에 있을 때에도 제3쿠션의 40point까지는 계산대로 된다. 그러나 45point에 오면 역시 5point를 더 빼고, 다음 장에서와 같이 50point에 보내고 싶으면 계산보다 10point를 더 뺀다.

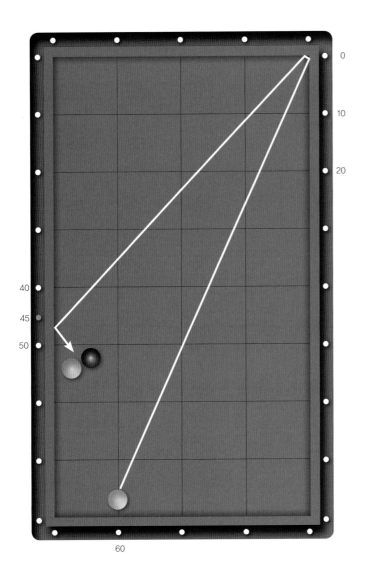

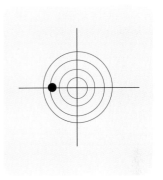

큐볼의 point		제3쿠션 point		추가 공제		제1쿠션 point
60	–	50	–	10	=	0

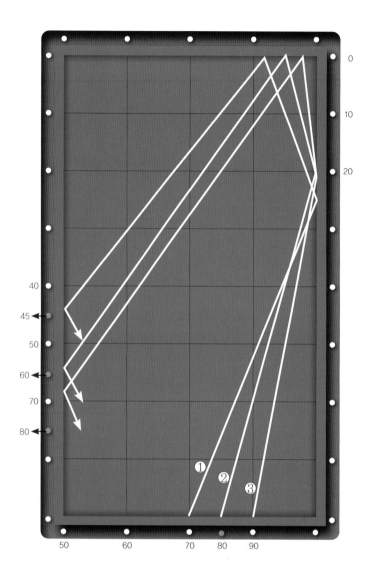

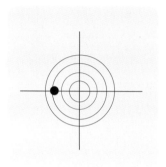

큐볼이 70, 80, 90 point일 때도 앞과 똑같은 현상이 일어난다.

①의 경우 : $(70 - 45) - 5 = 20$

②의 경우 : $(80 - 60) - 10 = 10$

③의 경우 : $(90 - 70) - 10 = 10$

여러 포인트의 응용 2

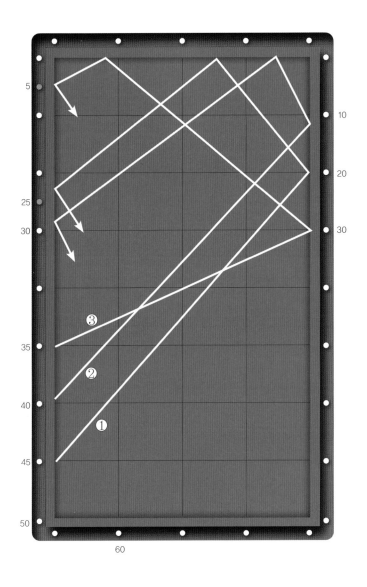

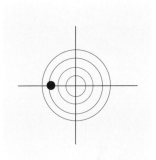

①의 경우 : 45 − 25 = 20

②의 경우 : 40 − 30 = 10

③의 경우 : 35 − 5 = 30

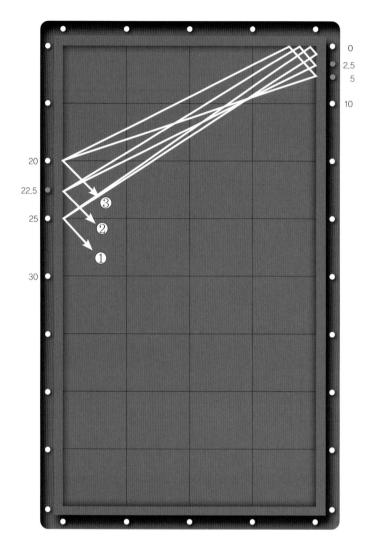

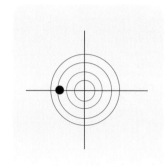

①의 경우 : 25 + 0 = 25

②의 경우 : 22.5 + 2.5 = 25

③의 경우 : 20 + 5 = 25

이것은 계산상으로는 나오지 않는다.

①의 경우 큐볼 위치가 25point일 때 제3쿠션은 30이므로 계산상으로는 제1쿠션이 −5이다. 그리고 ②의 경우는 −2.5, ③의 경우는 0이다. 이렇게 큐볼이 20~25point에 있다가 , 다시 원래의 큐볼의 출발점으로 오고자 할 때는 그림과 같이 큐볼 point와 제1쿠션 point의 합이 25가 되도록 치면 제자리로 돌아온다.

> 계산법 : 큐볼의 point + 제1쿠션 point = 제3쿠션 point

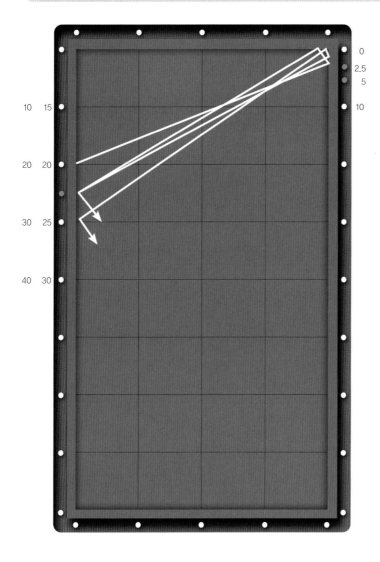

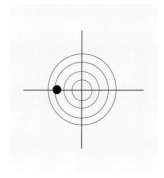

①의 경우 계산법 :

20 + 2.5 + 2.5 = 25

②의 경우 계산법 :

25 + 0 + 5 = 30

앞장을 응용해서 큐볼 point에서 제1쿠션 point를 한 단계씩 내려서 치면 제3쿠션이 5point씩 더 길게 떨어진다.

계산법 : 큐볼 point + 제1쿠션 point + 추가 가산 = 제3쿠션 point

CB이 20~25p에 있을 때 제1쿠션 Point와 추가 가산 Point의 합이 5가 되면 CB의 제3쿠션 Point로 출발 Point보다 5Point 길게 떨어진다.

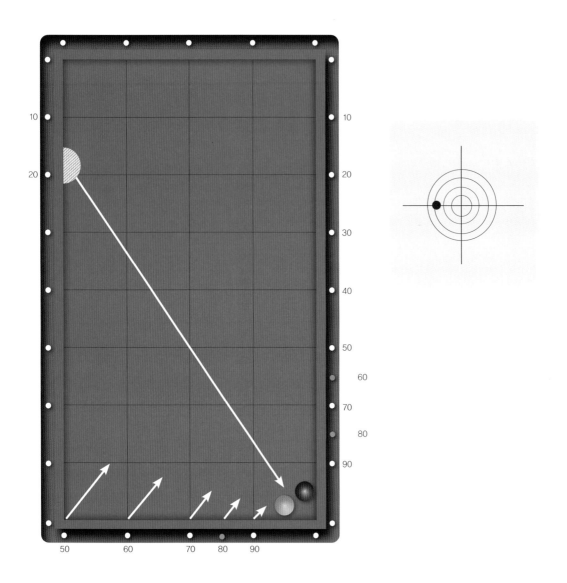

그림과 같이 당구대 하단 단쿠션에 있는 큐볼을 하단 우측 코너에 있는 목적구로 보낼 때
는 제3쿠션이 20point **이하**가 된다.

큐볼 point가 장쿠션에 있을 때

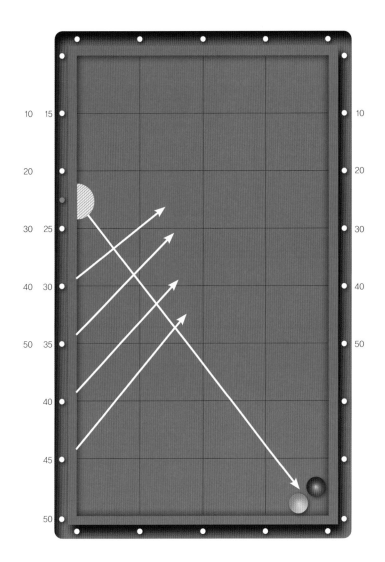

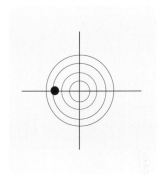

이 그림은 당구대 좌측 장쿠션에 있는 큐볼을 하단 우측 코너에 있는 목적구로 보낼 때 제 3쿠션이 20point **이상**이어야 함을 나타낸 것이다. 이런 현상은 제2쿠션에서 제3쿠션으로 들어갈 때의 입사각이 다르기 때문이다.

단쿠션에서 장쿠션으로 뱅크샷을 할 때의 큐볼의 진로

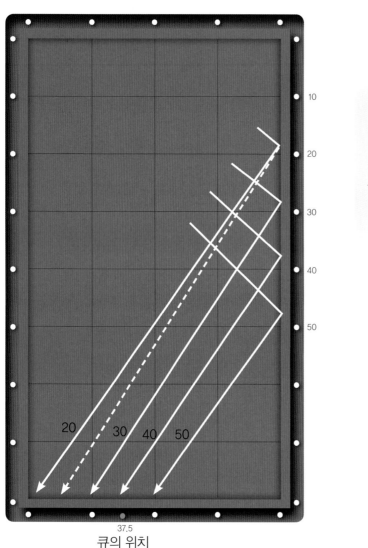

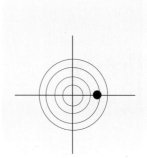

큐의 위치

큐볼의 포인트가 80 이상일 때, 제3쿠션이 20point에 떨어지면 코너보다 약간 더 길게(그림에서 **점선**처럼) 떨어진다.

장쿠션에서 단쿠션으로 뱅크샷을 할 때의 큐볼의 진로

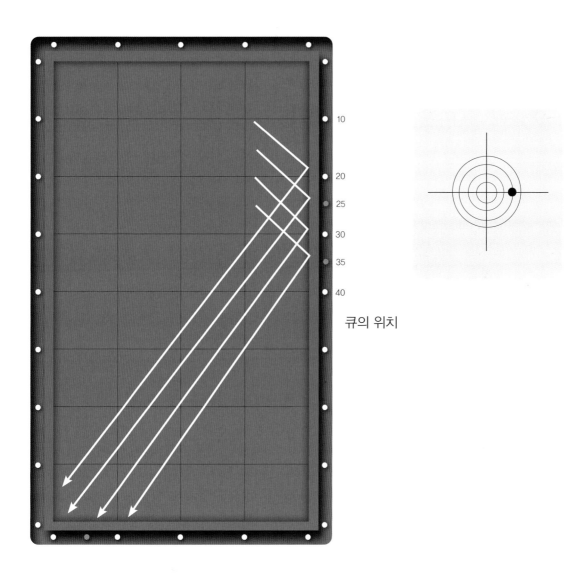

큐의 위치

무회전 뱅크샷
(No English Bank Shot)

뱅크샷(Bank Shot)의 응용 1

이와 같은 경우는 큐볼과 쿠션이 떨어진 거리의 절반(c점)만 찾으면 된다.

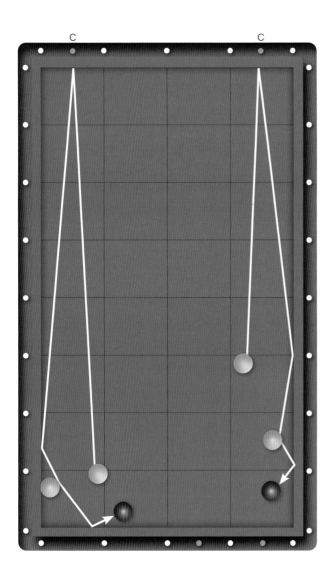

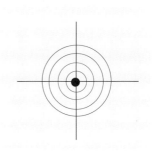

뱅크샷(Bank Shot)의 응용 2

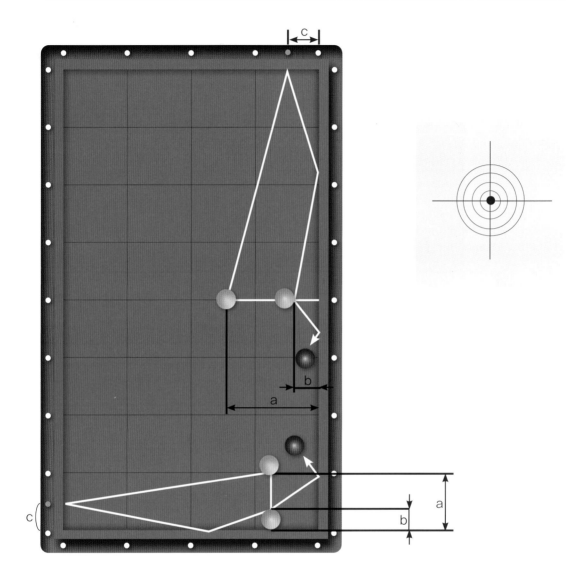

이런 뱅크 샷은 큐볼과 제1목적구가 같은 선상에 있을 때 적용되는 계산법이다. 즉 쿠션으로부터 큐볼이 떨어진 거리를 이등분한 것에서 제1목적구와 쿠션의 거리를 이등분한 것을 빼면 된다. 그리고 나머지를 쿠션에서 그만큼 조정해 치면 된다.

C 지점 찾는 방법 : $\dfrac{a}{2} - \dfrac{b}{2} = c$

수구가 제1적구보다 앞에 위치할 때

C′ = C Point에서 x/y의 비율로 더해 주면 된다. 가령 x/y가 1/3정도 되면 C까지의 거리를 1로 보고 C까지의 거리의 1/3을 더해주면 C′, 즉 제1쿠션 Point가 된다.

그러므로 $\frac{a}{2} - \frac{b}{2} = c,\ c + \frac{x}{y} = c'$ 이다.

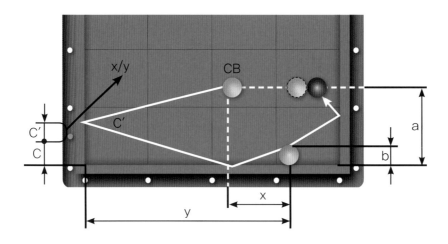

● 수구가 적구보다 뒤에 위치할 때

C′ = x/y만큼 C의 간격에서 빼주면 된다.

그러므로 $\frac{a}{2} - \frac{b}{2} = c,\ c + \frac{x}{y} = c'$ 이다.

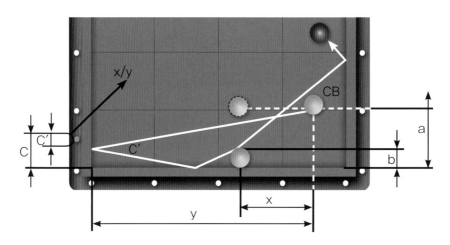

장쿠션에서의 뱅크샷

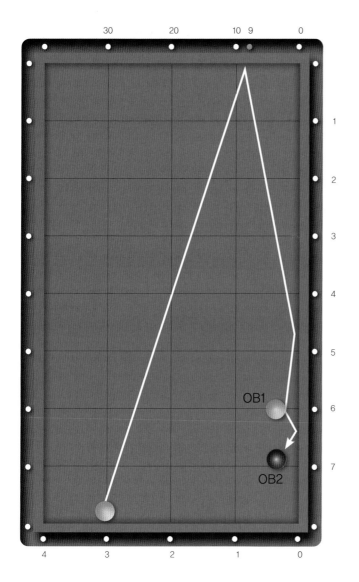

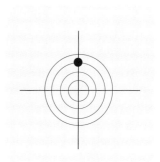

당점은 무당에 중상단으로 가볍게 밀어친다.

제1쿠션의 point	= (	큐볼의 위치 point	×	제1목적구의 위치 point	) ÷	2
9	= (	3	×	6	) ÷	2

● **계산방법** : 각각의 숫자는 그 쿠션의 기본 숫자이고 공식은 다음과 같다. 제1목적구가 장
쿠션에서 공 1개보다 약간 더 큰 구멍일 때 적용된다. 만약 구멍의 간격이 작
으면 득점확률이 희박하고, 구멍의 간격이 크면 계산법의 응용이 필요하다.

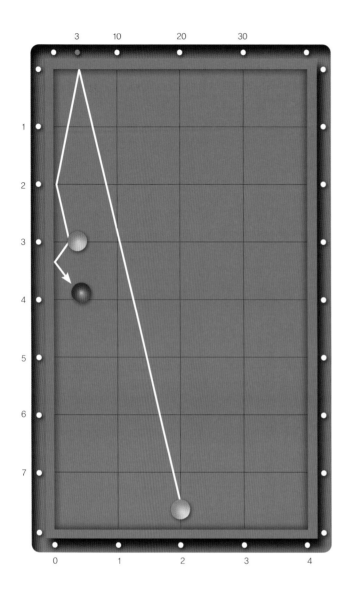

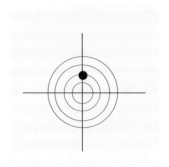

3 (제1쿠션 point) = { 2 (큐볼의 위치 point) × 3 (제1목적구의 위치 point) } ÷ 2

● **계산법** : 앞장과 이번 장은 큐볼이 단쿠션에 근접해 있고, 제1목적구가 장쿠션에서 공
1개보다 약간 더 클 때 적용된다. 만약 큐볼이 하단 단쿠션에서 많이 떨어져
있다면 코너와 큐볼의 연장선을 이용해 큐볼의 위치 포인트를 정한다(다음장
참조).

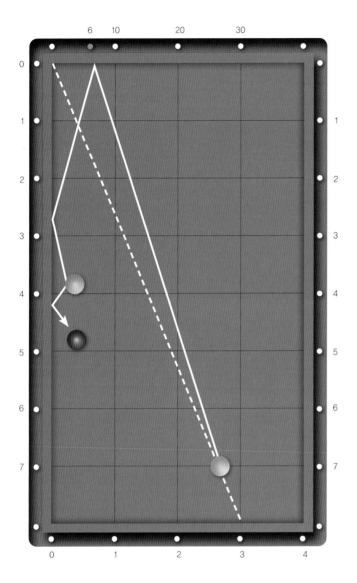

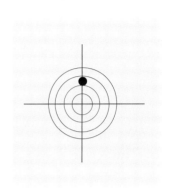

● **계산법** :$(3 \times 4) \div 2 = 6$

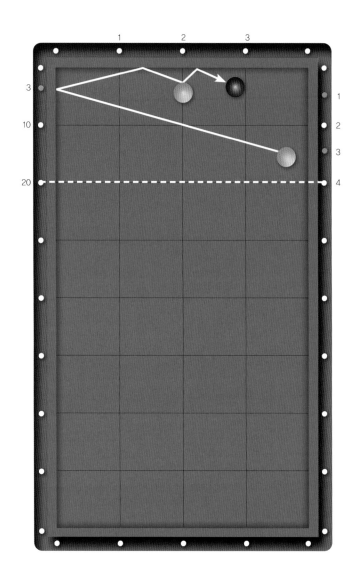

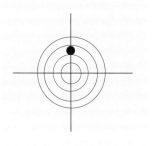

● **계산법** : 주의할 점은 큐볼의 위치 포인트가 4포인트를 넘어가면 득점 가능성이 희박해
　　　　　진다. 조금 짧게 떨어진다.

3 (제1쿠션 point) = { 2 (큐볼의 위치 point) × 3 (제1목적구의 위치 point) } ÷ 2

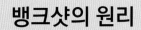

뱅크샷의 원리

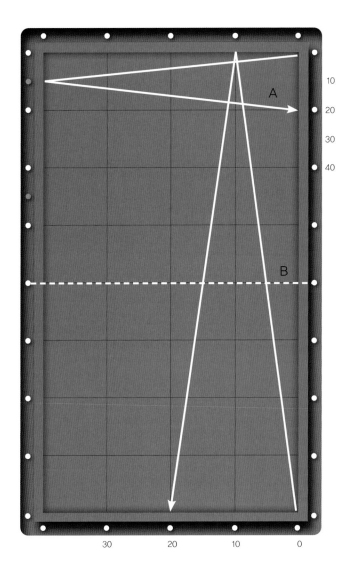

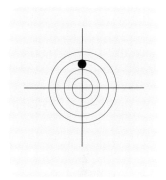

당구대를 반으로 쪼개어 놓으면 거의 정사각형에 가깝다. 즉, 단쿠션에서 단쿠션으로 치는
뱅크샷의 포인트는 장쿠션에서 장쿠션으로 치는 포인트의 2배가 된다.

※ 단쿠션의 포인트가 10, 20이 될 때, 장쿠션의 포인트는 20, 40이 된다.

뱅크샷을 이용한 비껴치기

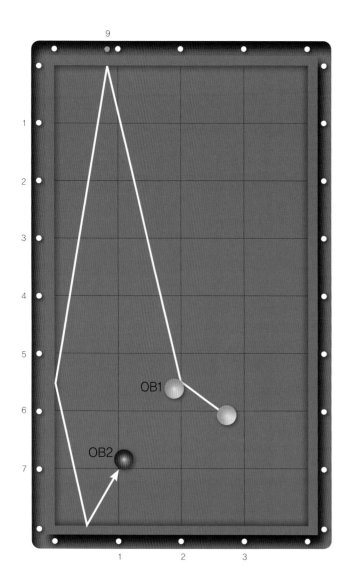

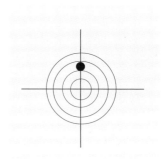

회전력 없이 중상단을 가볍게 타구한다. 이때 주의할 점은 제1목적구와 큐볼의 키스(kiss)를 조심해야 한다.

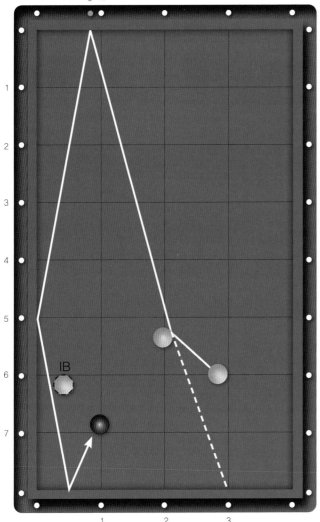

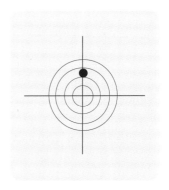

먼저 이 모양을 풀기 위해서는 큐볼이 어떤 진로를 가질 것인가를 가상의 선으로 긋는다. 그리고 그 선을 연장하여 단쿠션 포인트(즉, 큐볼의 포인트)를 찾는다. 그림에서는 가상의 선이 점선이고 단쿠션 포인트는 3이다.

가상의 공 위치 찾는 법

공 1개보다 약간 더 크게 쿠션과 떨어뜨리고, 가상 선이 가상의 공을 스치고 제2적구에 맞는 포인트(장쿠션의 포인트)를 찾는다.

● **계산법** : $(3 \times 6) \div 2 = 9$

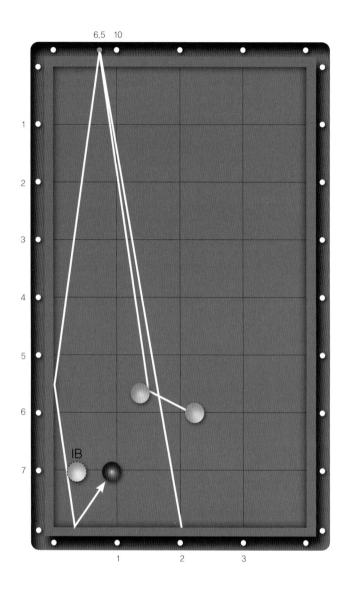

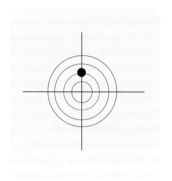

● **계산법** : $(2 \times 7) \div 2 = 7$

가상의 선보다 수구의 진행 방향선이 약간 안쪽에 있으므로, 제1쿠션의 포인트는 7보다 약
간 안쪽인 6~6.5포인트가 된다.

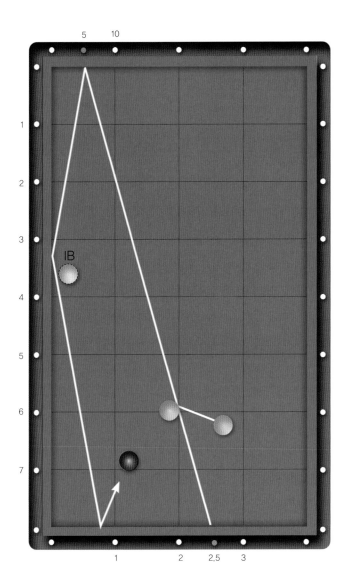

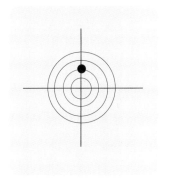

- **계산법** : $(2.5 \times 4) \div 2 = 5$

당점을 하단에 주면 득점에 실패할 가능성이 많다.

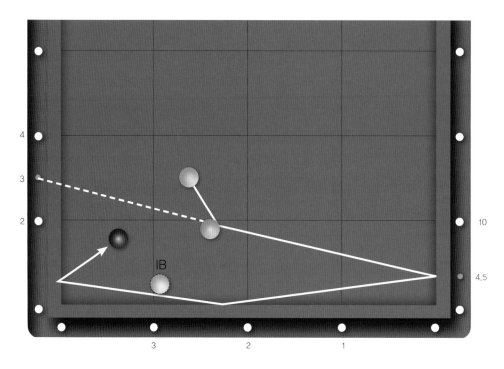

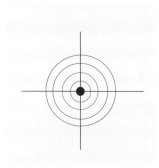

● **계산법** : $(3 \times 3) \div 2 = 4.5$

치는 방법은 앞장과 같다.

3 회전이 가해진 뱅크샷
(English Bank Shot)

중상단에 1.5 tip을 주고 가볍게 밀어친다.

만약 큐볼이 화살표 방향으로 이동해 있으면, 그 이동한 거리의 반만 포인트를 옮겨 조준한다.

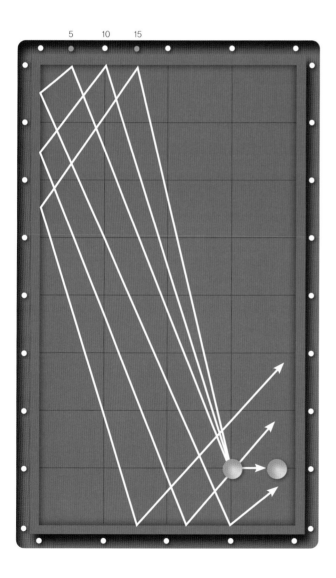

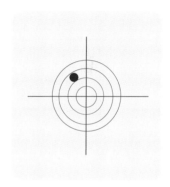

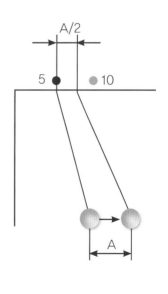

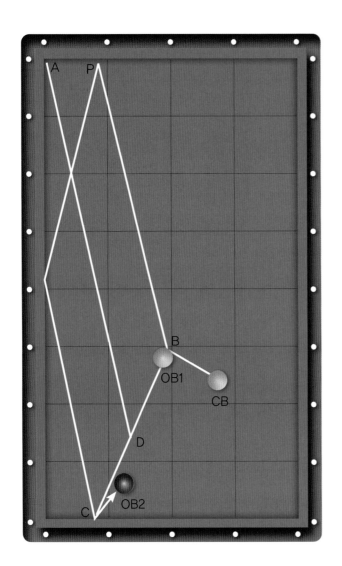

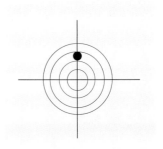

또 다른 방법의 예

먼저 제3쿠션(C)점을 찾고 OB와 가상의 직선(BC)을 그린다. BC를 이등분하여 D점을 찾고 D점과 코너(A점)와 연결하여 AD를 그린다. 그리고 AD와 평행인 PB를 찾으면 제1쿠션 포인트는 P점이 된다.

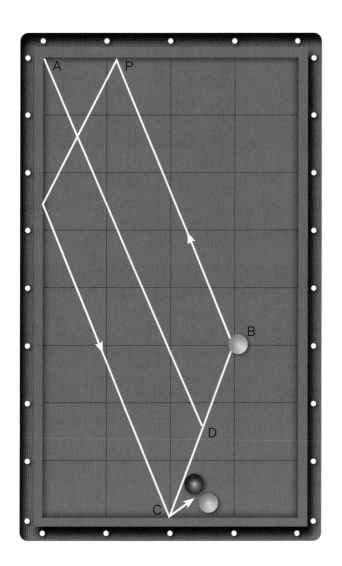

당점

무회전 뱅크 샷

먼저 OB, OB가 맞는 C지점(세번째 쿠션)을 찾고, CB(그림에서 B점)의 중심과 가상의 직선(BC)을 그린다. BC를 이등분하여 D점을 찾고(BD=CD), D와 코너(A점)를 연결하여 AD를 그린다. 그리고 AD와 평행인 BP를 찾으면 제1쿠션 포인트로 P가 된다. 당점은 중상단 무회전으로 준다.

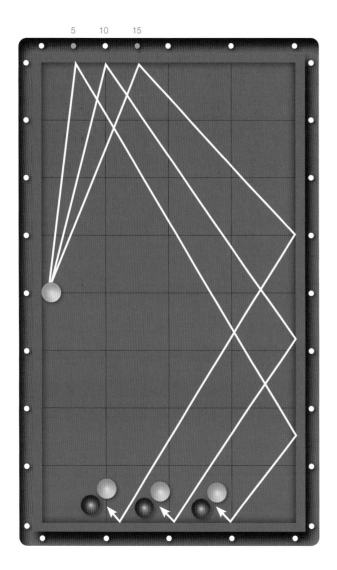

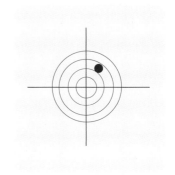

중상단에 2 tip을 주고 가볍게 밀어친다. 타구(stroke)할 때 비틀기가 들어가면 안 된다.
큐볼이 장쿠션에 붙어 있다.

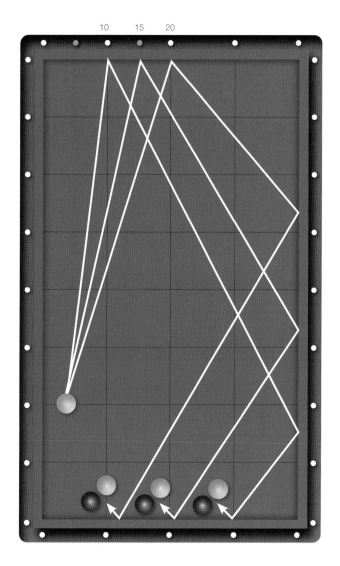

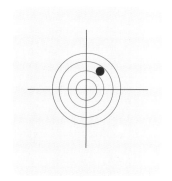

중상단에 2 tip을 주고 가볍게 밀어친다. 절대로 비틀기가 들어가서는 안된다.

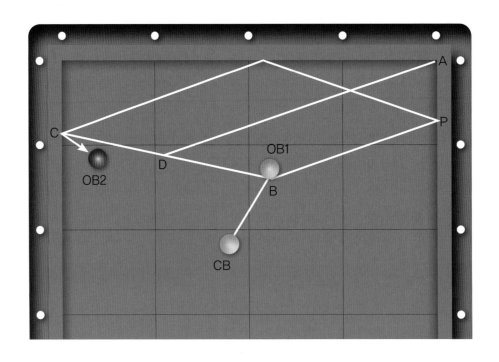

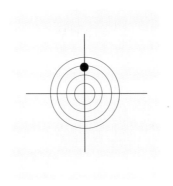

또 다른 방법의 예

먼저 제3쿠션 C점을 찾고 C점과 OB를 연결한 CB를 찾는다. CB를 이등분하여 D점을 찾고 D점과 코너를 연결한 DA를 찾는다.

제1쿠션 포인트로 DA와 평행인 BP의 P점이 된다. 치는 방법은 가볍게 밀어치되 회전이 들어가서는 안 된다.

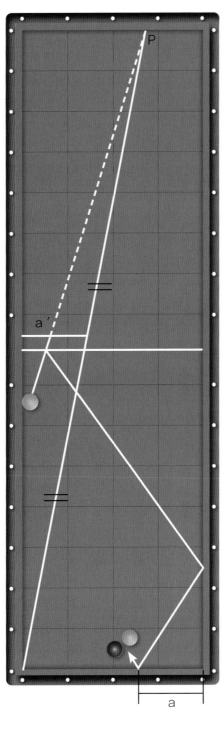

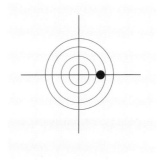

$$a = a'$$

가상의 P점을 만들어 P점을 보고 약간 강하게 친다. 당점은 중단에 2 tip 정도 준다. 각자의 tip이 약간씩 다르므로 자기에게 알맞는 tip을 찾는다.

#
(Plus Two system)

● 큐볼과 목적구의 간격이 20포인트 차가 날 때

당점은 중상단에 2 tip을 주고 4포인트를 향해 가볍게 밀어친다.

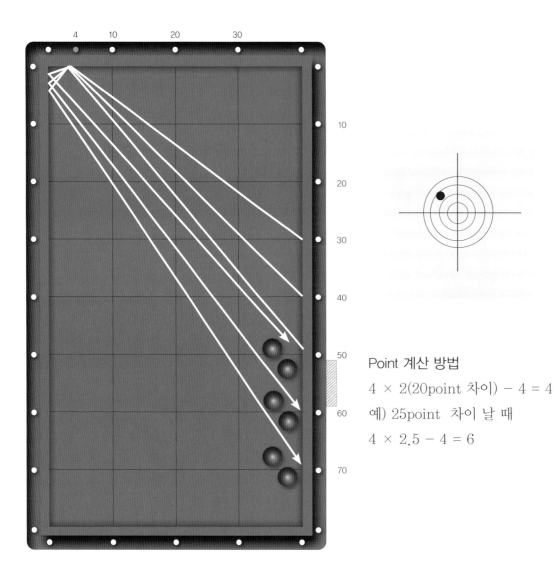

Point 계산 방법

$4 \times 2(20\text{point 차이}) - 4 = 4$

예) 25point 차이 날 때

$4 \times 2.5 - 4 = 6$

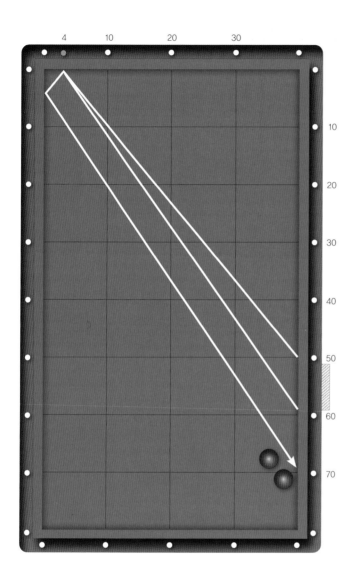

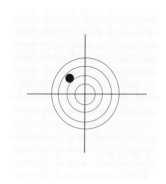

목적구가 70포인트에 있을 때 : 큐볼이 50~60포인트(빗금친 부분)에 위치해 있을 때 4포인트로 보내면 70포인트 부근에 떨어진다.

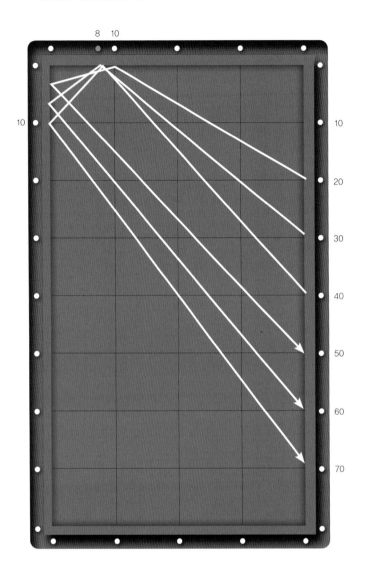

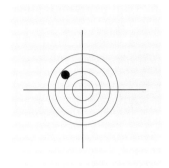

당점은 중상단에 2tip을 주고 단쿠션 8포인트를 향해 가볍게 밀어친다.

Point 계산 방법 : 4 × 3(30point 차이) − 4 = 8

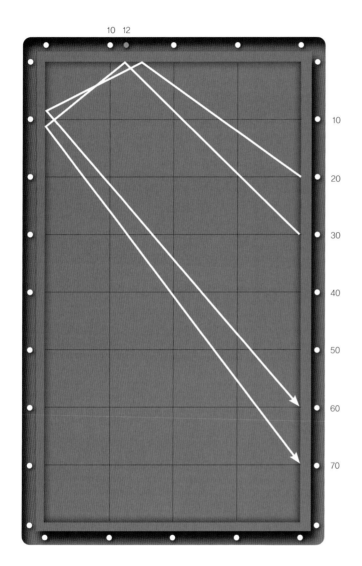

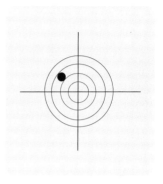

당점은 중상단 2tip을 주고 가볍게 밀어친다. 단쿠션 12포인트를 향한다.

Point 계산 방법 : 4 × 4(40point 차이) − 4 = 12

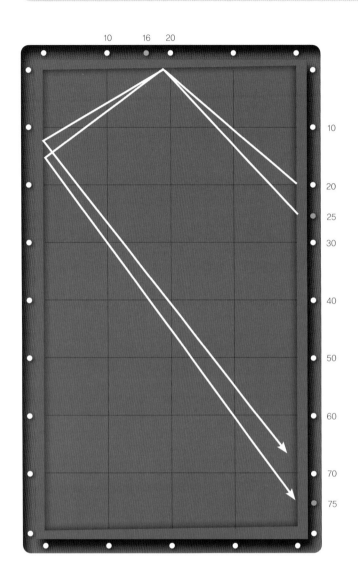

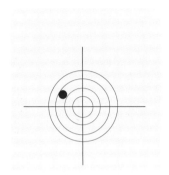

당점은 중상단에 2tip을 주고 단쿠션 16포인트를 가볍게 끊어친다.

Point 계산 방법 : 4 × 5(50point 차이) − 4 = 16

큐볼과 목적구의 간격이 10포인트 차이일 때

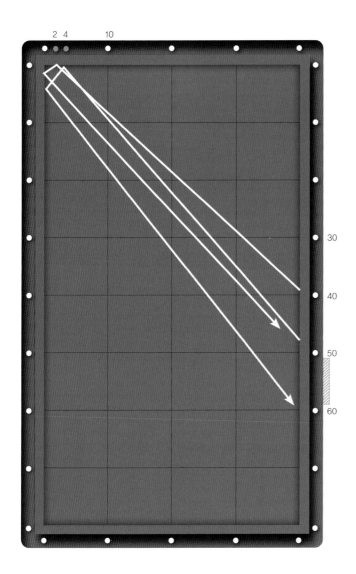

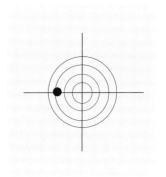

당점은 중단에 2.5tip을 주고 약간 강하게 밀어친다.

제1쿠션 Point : 2, 4, 6, 8.
CB Point : 40 → 2, 50 → 4, 60 → 6, 70 → 8

여러 가지 응용

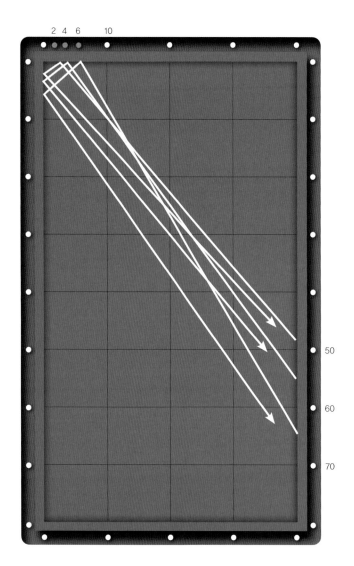

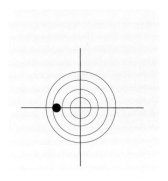

1) 큐볼과 목적구 모두가 50포인트에 있을 때 : 당점은 중단에 2.5tip을 주고 약간 강하게 밀어친다.

2) 큐볼과 목적구 모두가 60 포인트에 있을 때 : 역시 당점은 중단에 2.5tip을 주고 약간 강하게 밀어친다.

3) 큐볼과 목적구 모두가 70 포인트에 있을 때 : 역시 당점은 중단에 2.5tip을 주고 약간 강하게 밀어친다.

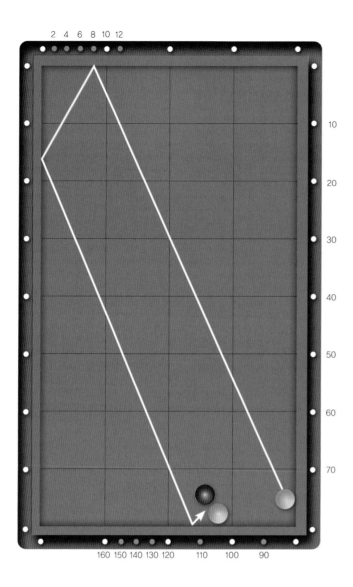

● 단쿠션에서의 플러스 투 시스템

· CB의 위치 : 80

· OB의 위치 : 110

CB와 OB의 차이가 30이므로 4 × 30 = 120 ÷ 10 = 12 − 4 = 8

당점은 중상단에 1.5tip

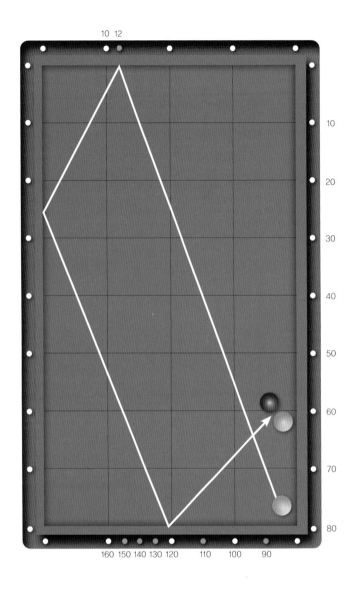

- CB의 위치 : 80
- OB의 위치 : 120

CB와 OB의 위치 : 40이므로 4 × 40 = 160 ÷ 10 = 16 − 4 = 12

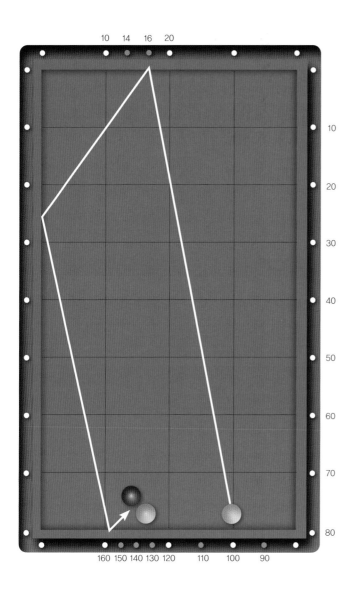

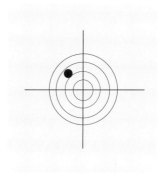

- CB의 위치 : 100
- OB의 위치 : 150

CB와 OB의 위치 : 50   4 × 50 = 200 ÷ 10 = 20 − 4 = 16

샷의 강도에 따른 큐볼의 진행 방향

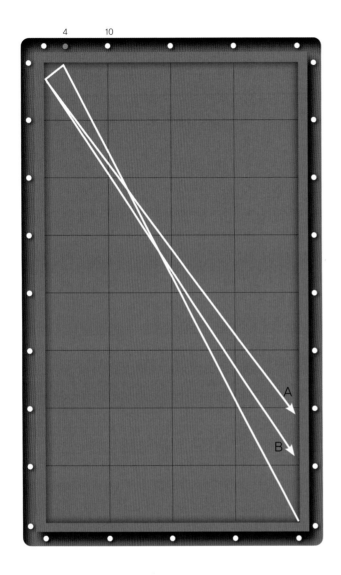

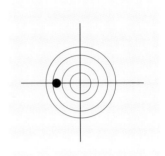

당점은 중단에 2.5tip을 주고 가볍게 밀어친다. 약간 더 강하게 치면 5포인트 정도 더 짧게 떨어진다.

당점은 중상단에 2tip을 주고 수구는 가볍게 밀어치되, 큐를 마지막에 가볍게 잡아 준다. 두께는 1/2두께로 한다. 그림과 같이 두께를 보는 경우를 1/2두께라고 한다(당점이 무당일 경우)

1/2보다 두껍게 걸고 싶으면 큐의 연장선이 공을 노리도록 치되 공의 반 두께를 넘어서는 안 된다. 살짝 걸리게 하고 싶으면 같은 요령으로 쿠션을 노리면 된다.

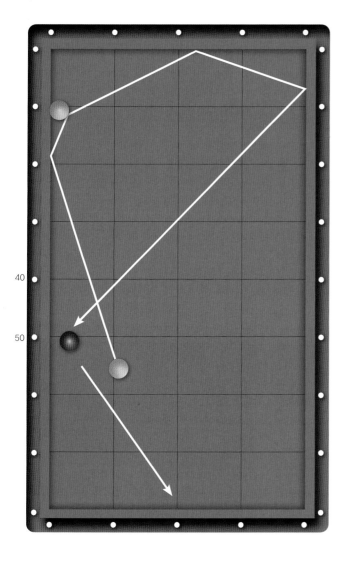

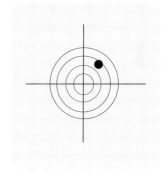

① 무당일 경우
② tip을 우측에 주는 경우
③ tip을 좌측에 주는 경우

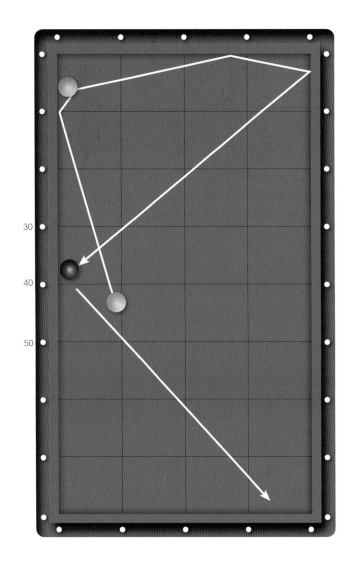

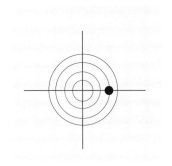

공의 두께를 보는 방법 :
얇게 치기

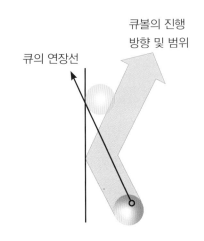

큐볼의 진행
방향 및 범위

큐의 연장선

당점은 우측 중단에 3 tip을 주고 약간 강하게 끊어친다.

tip을 주고 제1목적구와 쿠션의 접점을 노리고 치면, 큐볼의 중심점에서 tip을 준 만큼 제 1목적구가 살짝 맞는다.

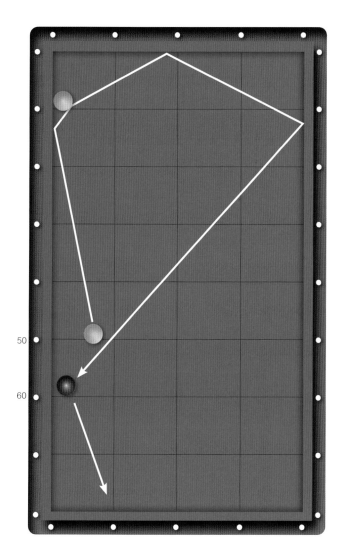

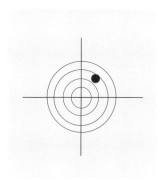

두께 : 1/2

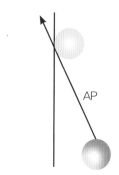

당점은 중상단에 2tip을 주고 가볍게 밀어친다.

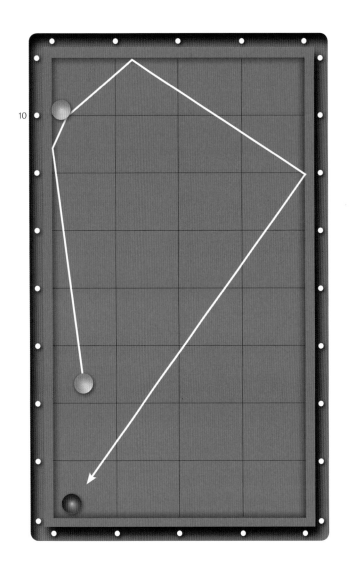

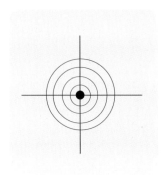

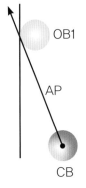

당점은 중단에 무당을 주고 약간 강하게 밀어친다.

두께 : 1/2 (쿠션과 제1목적구의 접점을 큐의 조준선이 노린다.)

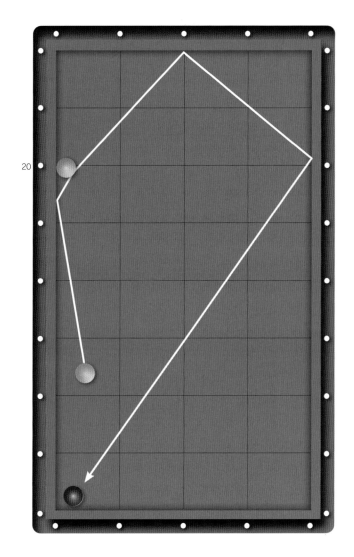

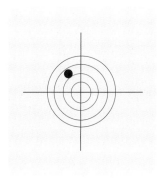

두께 : 1/2

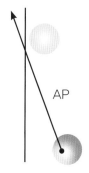

당점은 중상단에 −1tip을 주고 약간 강하게 밀어친다.

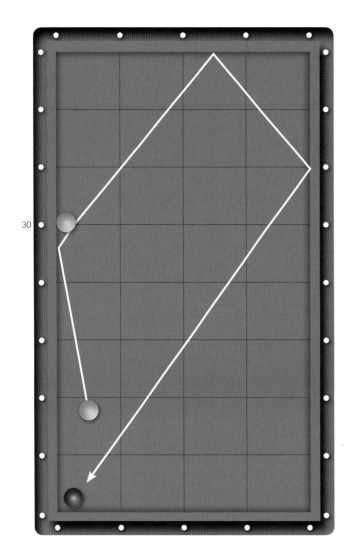

30

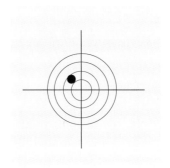

두께 : 1/3

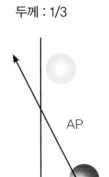

AP

중상단에 −1tip을 주고 약간 강하게 밀어친다.

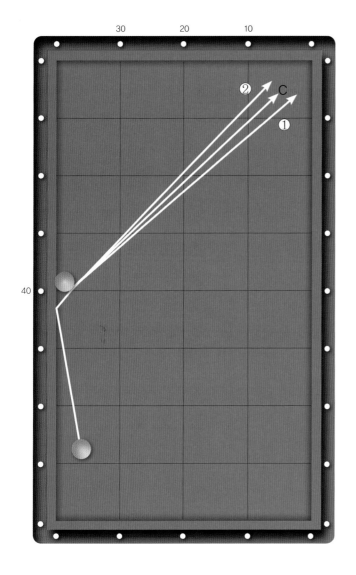

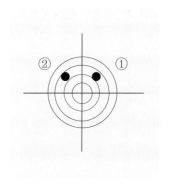

두께 : 1/2

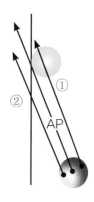

이 모양은 제1목적구가 40포인트에 붙어 있고, 큐볼은 장쿠선에 가까이 있을 때의 큐볼의 진행 방향이다.

①번 진행 방향 : 제 회전력을 주고 가볍게 밀어친다.

②번 진행 방향 : 반대 회전력을 주고 가볍게 밀어친다.

만약 약간 끊어치면 큐볼의 진로가 ①번 진행 방향으로 바뀐다.

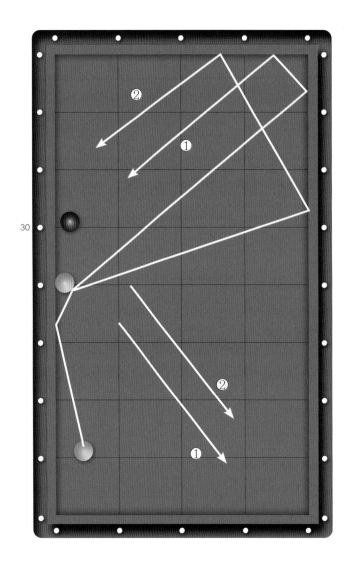
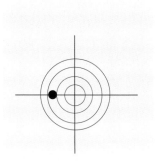

두께 : 1/2

①번 진행방향 : 당점은 중단에 -2tip을 주고 가볍게 끊어친다.
②번 진행방향 : ①번보다 조금 더 끊어치면 된다.

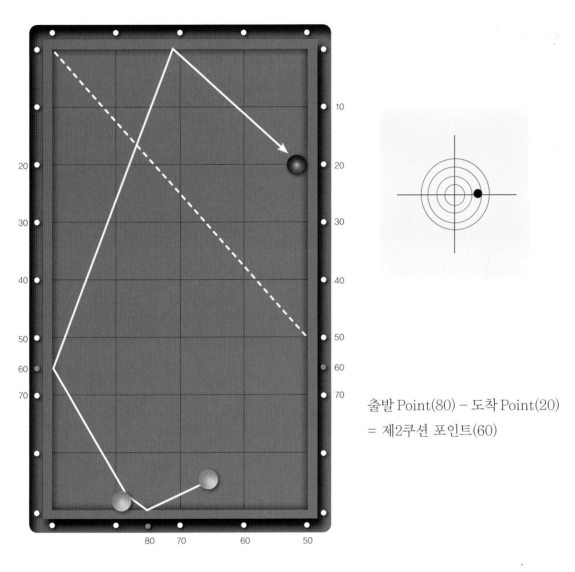

출발 Point(80) − 도착 Point(20)
= 제2쿠션 포인트(60)

엄브렐러 샷 + 파이브 앤드 어 하프 시스템

중단에 제 회전력(2 tip)을 주고 가볍게 끊어친다. 이런 모양은 계산하기 편하므로, 먼저 계산한 다음 두번째 쿠션의 포인트를 찾아 수구를 보내면 된다.

● **한계선**

계산상으로는 60, 70도 나오지만, 실제로는 50포인트 이상 나오기 힘들다. 따라서 제2목적구의 위치가 50포인트 이상이 되면 다른 공략법을 시도하는 것이 바람직하다.

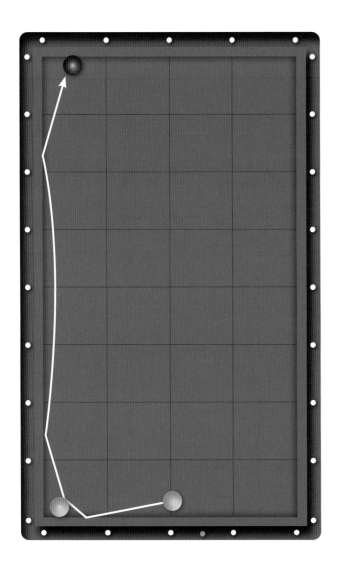

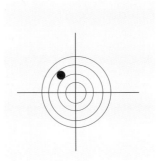

당점은 중상단에 역회전 1~1.5tip을 주고 강하게 밀어친다.

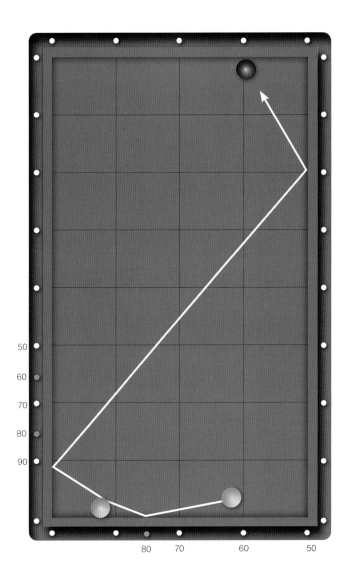

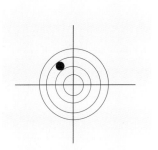

당점은 중 상단에 역회전 1tip을 주고 아주 가볍게 밀어친다.

제1목적구가 쿠션에서 떨어져 있을 때 제1쿠션 포인트를 찾는 방법

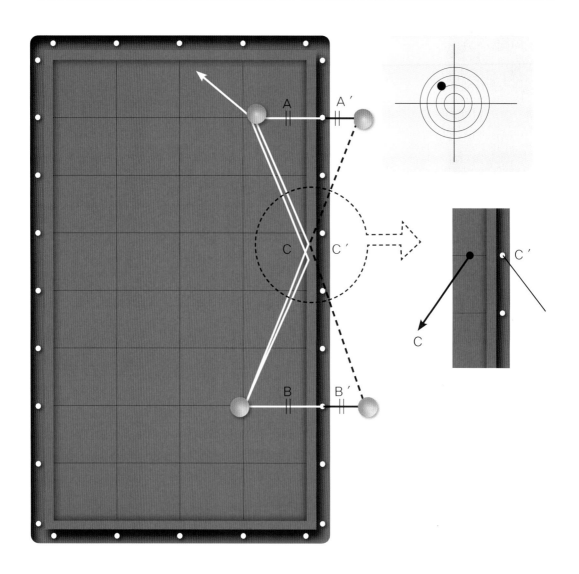

당점은 중단에 가깝게(또는 중단) 1tip을 주고 가볍게 끊어친다. 큐볼과 제1목적구가 우측 장쿠션에서 한 포인트 이내의 거리에 있을 때는 C지점을 찾고, 칠 때는 C′(포인트)를 보고 친다. 그러나 제1목적구가 우측 장쿠션에서 한 포인트 이상 떨어져 있을 때에는 C지점을 찾고, C지점보다 1~2cm 정도 앞을 친다.

득점하는 또 다른 방법

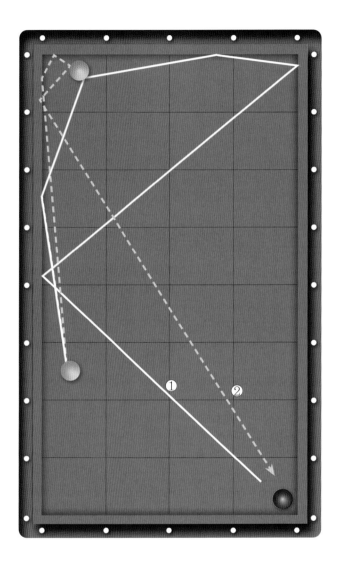

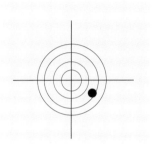

약간 강하게 끌어친다.

6 인사이드 엄브렐러 샷
(Inside Umbrella Shot)

● 제1쿠션 포인트를 찾는 기본공식

$$\text{제1쿠션 point} = \text{큐볼의 위치 point} - \left\{ \text{제1목적구의 단쿠션상의 위치 point} + \text{제1목적구의 장쿠션상의 위치 point} \right\}$$

＊공식의 응용 (이 공식을 활용하면 더 편리하다.)

큐볼의 포인트 = 제1쿠션 포인트 + 제1목적구의 단쿠션 상의 위치포인트 + 제1목적구의 장쿠션 상의 위치 포인트

큐볼의 위치에 따라 제1목적구의 단쿠션상의 위치 포인트 및 장쿠션상의 위치 포인트가 달라지는 것에 유의하여 살펴본다.

※ 이하 편의상 큐볼의 포인트는 CB point로, 제1목적구의 단쿠션상의 위치 포인트는 OB1 S–point 로, 제1목적구의 장쿠션상의 위치 포인트는 OB1 L–point로 한다.

1. 제1목적구가 장쿠션 20포인트에 위치한 경우

큐볼이 50포인트에 있을 때

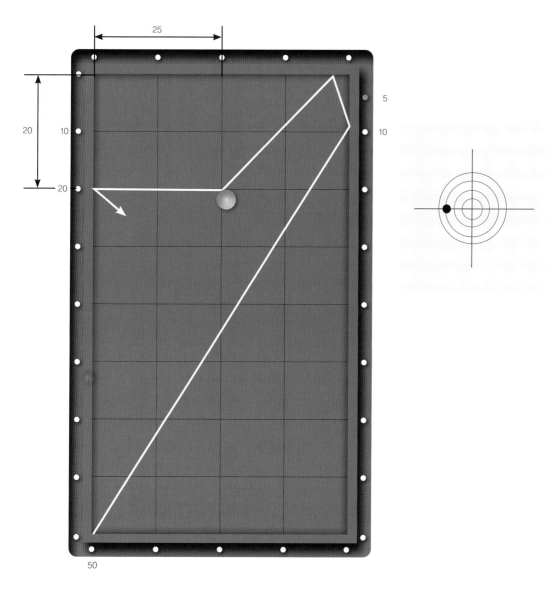

CB point : 50

OB1 S-point : 25

OB1 L-point : 20

그러므로 제1쿠션 포인트(5) = 50 − (25 + 20)

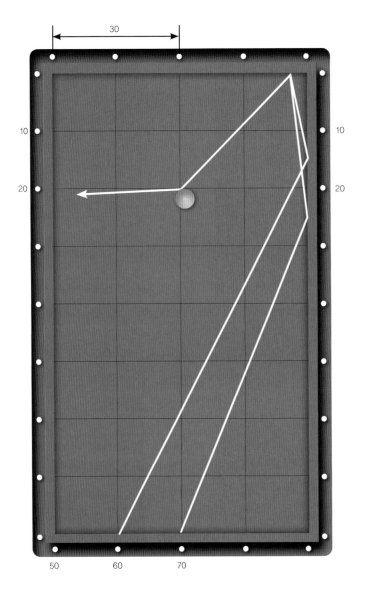

① CB point : 60　　　OB1 S-point : 30　　　OB1 L-point : 20

　그러므로 제1쿠션 포인트(10) = 60 − (30 +20)

② CB point : 70　　　OB1 S-point : 30　　　OB1 L-point : 20

　그러므로 제1쿠션 포인트(20) = 70 − (30 +20)

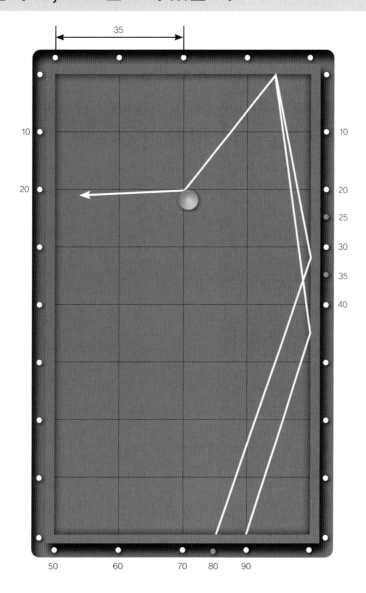

① CB point : 80 　　　 OB1 S-point : 35 　　　 OB1 L-point : 20

　　 그러므로 제1쿠션 포인트(25) = 80 − (35 +20)

② CB point : 90 　　　 OB1 S-point : 35 　　　 OB1 L-point : 20

　　 그러므로 제1쿠션 포인트(35) = 90 − (35 +20)

　 ※ CB Point 50 　　 : OB S Point : 25

　　 CB Point 60~70 : OB S Point : 30

　　 CB Point 80~90 : OB S Point : 35

2. 제1목적구가 장쿠션 15포인트에 위치한 경우

큐볼이 50포인트에 있을 때

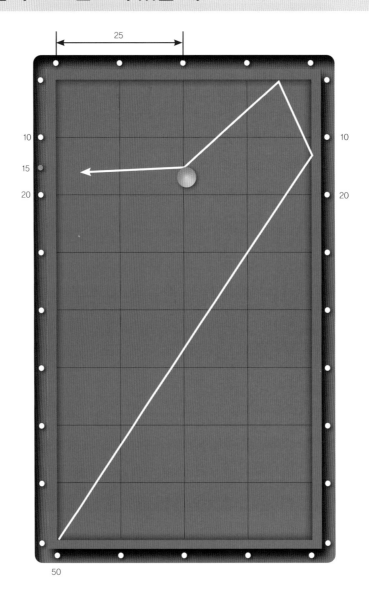

① CB point : 50

OB1 S-point : 25

OB1 L-point : 15

그러므로 제1쿠션 포인트(10) = 50 − (25 + 15)

큐볼이 60, 70포인트에 있을 때

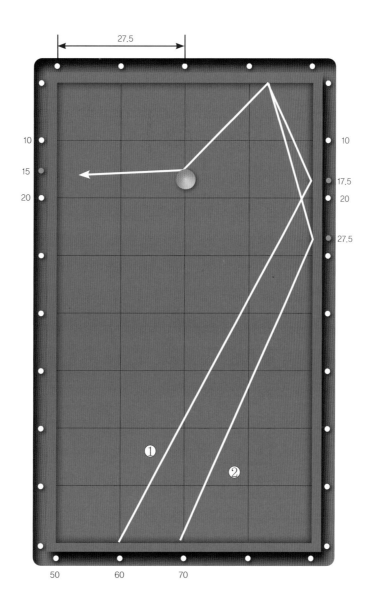

① CB point : 60   OB1 S-point : 27.5   OB1 L-point : 15

그러므로 제1쿠션 포인트(17.5) = 60 − (27.5 + 15)

② CB point : 70   OB1 S-point : 27.5   OB1 L-point : 15

그러므로 제1쿠션 포인트(27.5) = 70 − (27.5 +15)

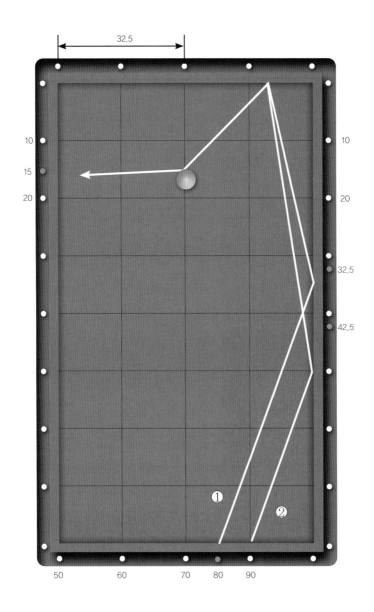

① CB point : 80   OB1 S-point : 32.5   OB1 L-point : 15

　 그러므로 제1쿠션 포인트(32.5) = 80 − (32.5 + 15)

② CB point : 90   OB1 S-point : 32.5   OB1 L-point : 15

　 그러므로 제1쿠션 포인트(42.5) = 90 − (32.5 + 15)

큐볼이 45포인트에 있을 때

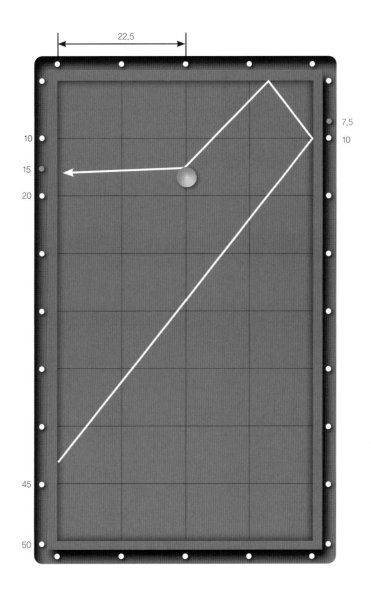

CB point : 45

OB1 S-point : 22.5

OB1 L-point : 15

그러므로 제1쿠션 포인트(7.5) = 45 - (22.5 +15)

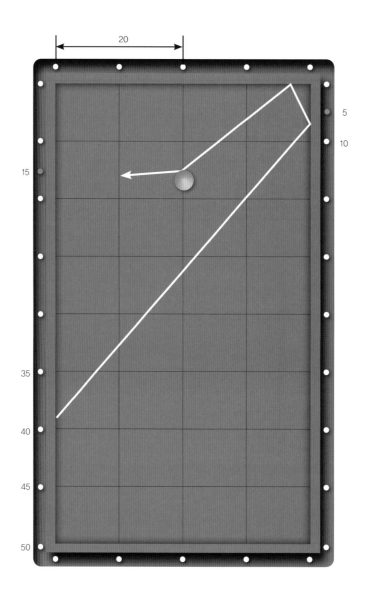

CB point : 40

OB1 S−point : 20

OB1 L−point : 15

그러므로 제1쿠션 포인트(5) = 40 − (20 + 15)

큐볼이 35포인트에 있을 때

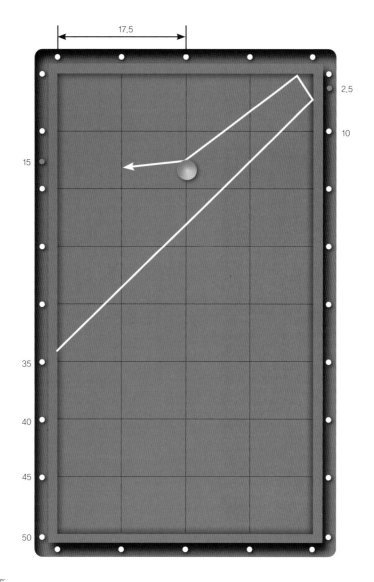

CB point : 35

OB1 S-point 17.5

OB1 L-point : 15

그러므로 제1쿠션 포인트(2.5) = 35 − (17.5 + 15)

※ CB point가 50에서 5point가 줄어들 때마다 제1적구의 포인트도 2.5point씩 줄어든다.

3. 제1목적구가 장쿠션 10포인트에 위치한 경우

큐볼이 50포인트에 있을 때

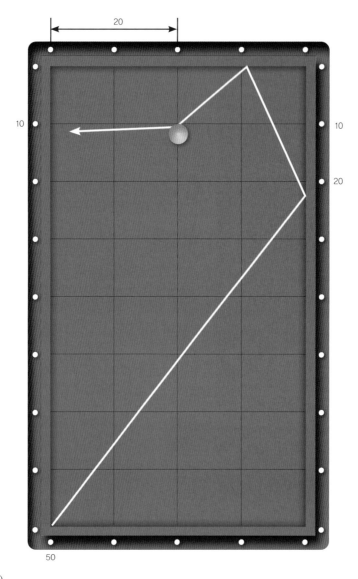

CB point : 50

OB1 S-point : 20

OB1 L-point : 10

그러므로 제1쿠션 포인트(20) = 50 - (20 + 10)

　※ 수구 포인트가 40~50일 때에는 단쿠션 포인트는 20

큐볼이 60, 70포인트에 있을 때

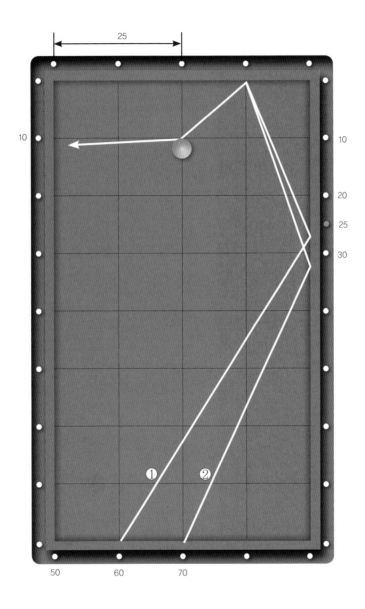

① CB point : 60   OB1 S-point : 25   OB1 L-point : 10

   그러므로 제1쿠션 포인트(25) = 60 - (25 + 10)

② CB point : 70   OB1 S-point : 25   OB1 L-point : 10

   그러므로 제1쿠션 포인트(35) = 70 - (25 + 10)

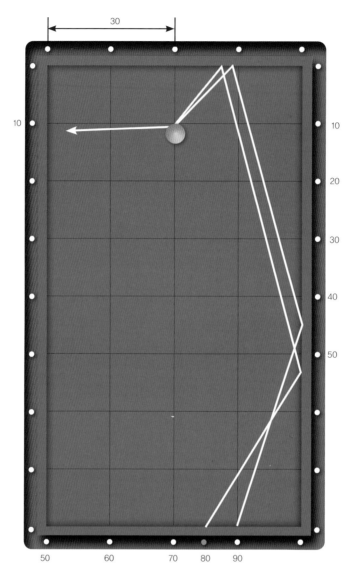

① CB point : 80　　　OB1 S-point : 30　　　OB1 L-point : 10

　그러므로 제1쿠션 포인트(40) = 80 - (30 + 10)

② CB point : 90　　　OB1 S-point : 30　　　OB1 L-point : 10

　그러므로 제1쿠션 포인트(50) = 90 - (30 + 10)

　※　CB Point 50　　：　OB S Point : 20
　　　CB Point 60~70 ：　OB S Point : 25
　　　CB Point 80~90 ：　OB S Point : 30

큐볼이 40, 45포인트에 있을 때

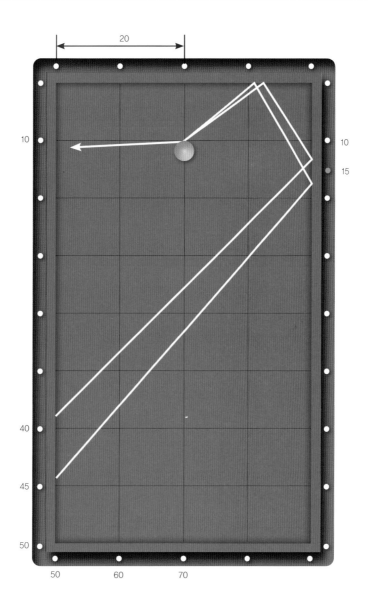

① CB point : 40   OB1 S-point : 20   OB1 L-point : 10

    그러므로 제1쿠션 포인트(10) = 40 - (20 + 10)

② CB point : 45   OB1 S-point : 20   OB1 L-point : 10

    그러므로 제1쿠션 포인트(15) = 45 - (20 + 10)

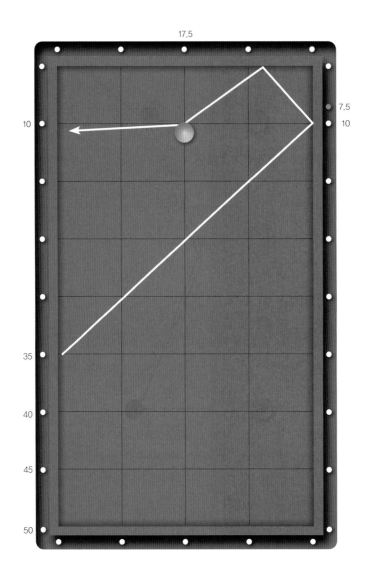

CB point : 35

OB1 S-point : 17.5

OB1 L-point : 10

그러므로 제1쿠션 포인트(7.5) = 35 − (17.5 + 10)

큐볼이 30포인트에 있을 때

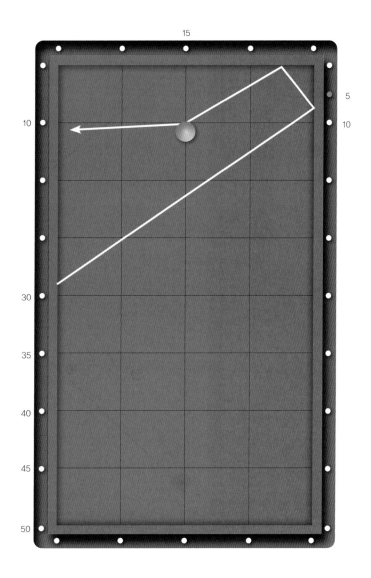

CB point : 30

OB1 S-point : 15

OB1 L-point : 10

그러므로 제1쿠션 포인트(5) = 30 − (15 + 10)

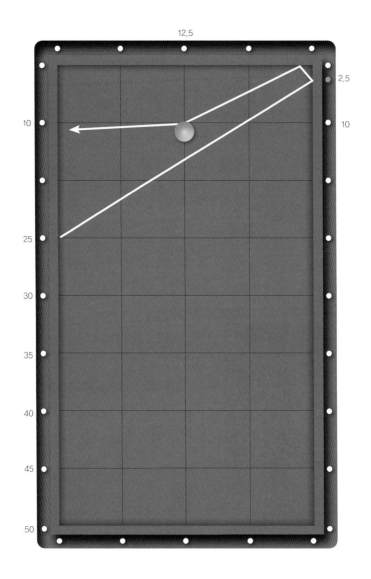

CB point : 25   OB1 S-point : 12.5   OB1 L-point : 10

그러므로 제1쿠션 포인트(2.5) = 25 -(12.5 + 10)

※ CB Point : 40   →   OB S Point : 20

CB Point : 35   →   OB S Point : 17.5

CB Point : 30   →   OB S Point : 15

CB Point : 25   →   OB S Point : 12.5

4. 종합

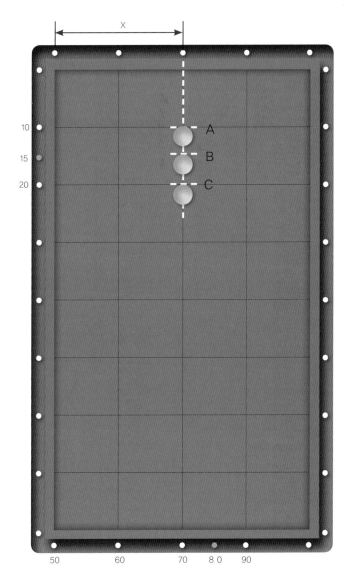

제1목적구의 단쿠션 상의 위치 포인트 종합적인 설명.

♣ 수구의 위치 포인트가 50일 때

　A에 위치한 경우 : 20　　　　B 또는 C에 위치한 경우 : 25

♣ 수구의 위치 포인트가 60, 70일 때

　A에 위치한 경우 : 25　　　　B에 위치한 경우 : 27.5

　C에 위한 경우 : 30

♣ 수구의 위치 포인트가 80, 90일 때

　A에 위치한 경우 : 30　　　　B에 위치한 경우 : 32.5　　　　C에 위치한 경우 : 35

5. 제1목적구가 장쿠션 10포인트에 위치한 경우

큐볼이 50포인트에 있을 때

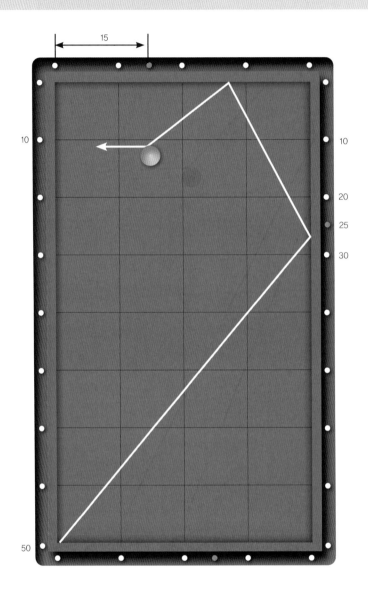

CB point : 50

OB1 S-point : 15

OB1 L-point : 10

그러므로 제1쿠션 포인트(25) = 50 − (15 + 10)

큐볼이 60, 70 포인트에 있을 때

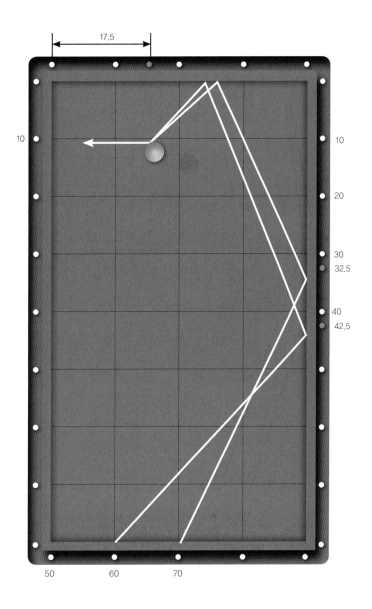

① CB point : 60 　　OB1 S−point : 17.5 　　OB1 L−point : 10

　그러므로 제1쿠션 포인트(32.5) = 60 − (17.5 + 10)

② CB point : 70 　　OB1 S−point : 17.5 　　OB1 L−point : 10

　그러므로 제1쿠션 포인트(42.5) = 70 − (17.5 + 10)

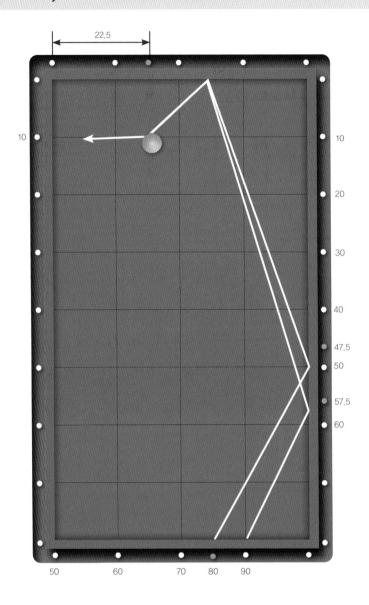

① CB point : 80　　　OB1 S−point : 22.5　　OB1 L−point : 10
　그러므로 제1쿠션 포인트(47.5) = 80 − (22.5 + 10)

② CB point : 90　　　OB1 S−point : 22.5　　OB1 L−point : 10
　그러므로 제1쿠션 포인트(57.5) = 90 − (22.5 + 10)

　※　CB Point : 60~70　　→　　OB S Point : 17.5

　　　CB Point : 80~90　　→　　OB S Point : 22.5

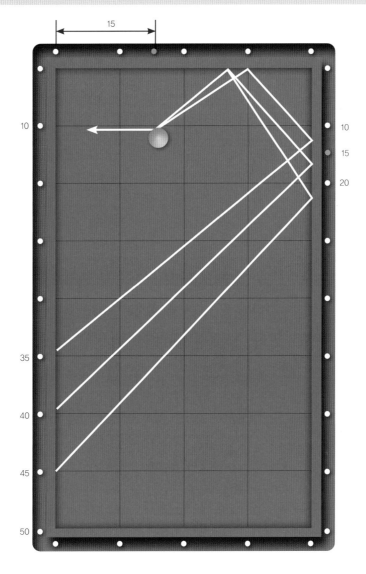

① CB point : 35   OB1 S-point : 15   OB1 L-point : 10

그러므로 제1쿠션 포인트(10) = 35 − (15 + 10)

② CB point : 40   OB1 S-point : 15   OB1 L-point : 10

그러므로 제1쿠션 포인트(15) = 40 − (15 + 10)

② CB point : 45   OB1 S-point : 15   OB1 L-point : 10

그러므로 제1쿠션 포인트(20) = 45 − (15 + 10)

※ 큐볼의 위치가 35~50포인트 상에 있을 때에는 제1목적구의 위치 포인트는 15가 된다.

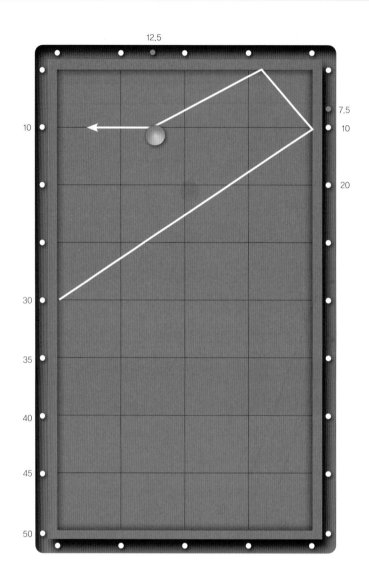

CB point : 30

OB1 S-point : 12.5

OB1 L-point : 10

그러므로 제1쿠션 포인트(7.5) = 30 − (12.5 + 10)

큐볼이 25포인트에 있을 때

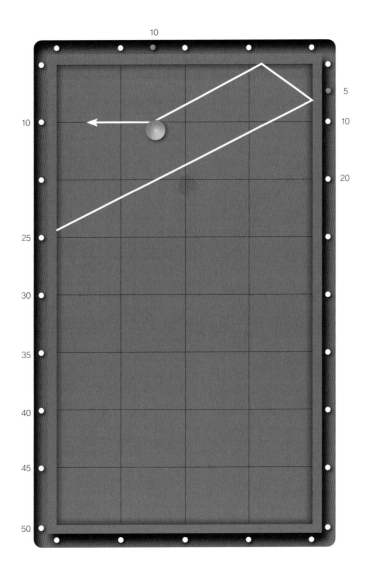

CB point : 25

OB1 S-point : 10

OB1 L-point : 10

그러므로 제1쿠션 포인트(5) = 25 - (10 + 10)

※ CB point 35~50 → OB S - Point : 15

   CB point   30   → OB S - Point : 12.5

   CB point   25   → OB S - Point : 10

6. 제1목적구가 장쿠션 15포인트에 위치한 경우

 큐볼이 50포인트에 있을 때

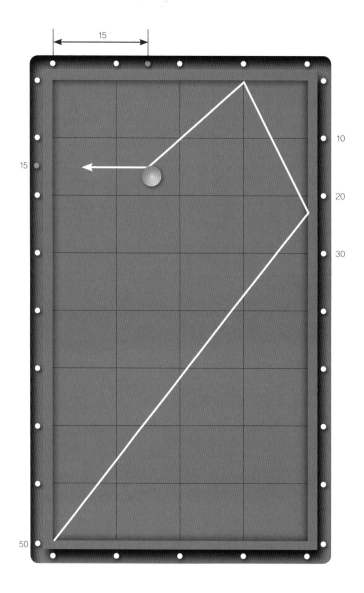

CB point : 50   OB1 S-point : 15   OB1 L-point : 15

그러므로 제1쿠션 포인트(20) = 50 - (15 + 15)

> ※ 만약에 벗어날 경우 제1목적구의 단쿠션상의 위치 포인트를 17.5로 상정하고 계산한다. 따라서
> 제1쿠션 포인트는 앞에서와 같은 계산에 의하면 17.5포인트가 된다.

큐볼이 60, 70 포인트에 있을 때

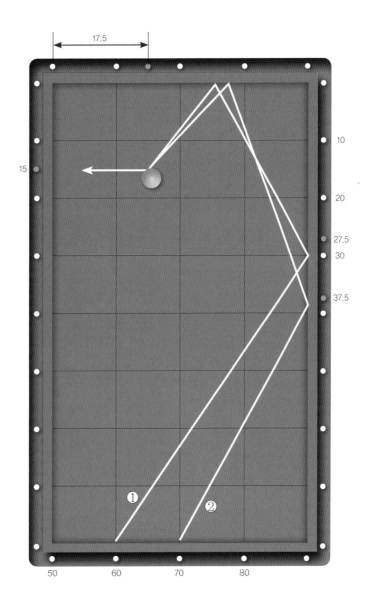

① CB point : 60   OB1 S-point : 17.5   OB1 L-point : 15

그러므로 제1쿠션 포인트(27.5) = 60 − (17.5 + 15)

② CB point : 70   OB1 S-point : 17.5   OB1 L-point : 15

그러므로 제1쿠션 포인트(37.5) = 70 − (17.5 + 15)

큐볼이 80, 90포인트에 있을 때

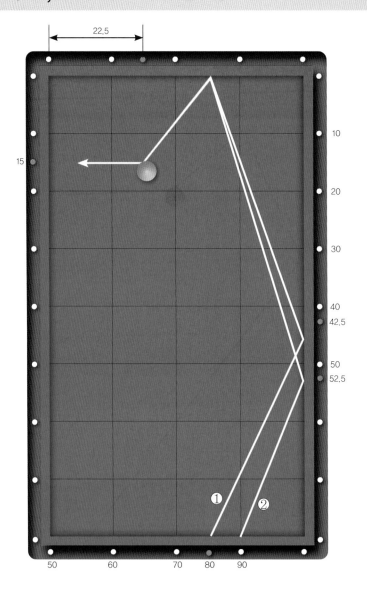

① CB point : 80 　　　 OB1 S-point : 22.5 　　 OB1 L-point : 15

　　그러므로 제1쿠션 포인트(42.5) = 80 − (22.5 + 15)

② CB point : 90 　　　 OB1 S-point : 22.5 　　 OB1 L-point : 15

　　그러므로 제1쿠션 포인트(52.5) = 90 − (22.5 + 15)

　　※ CB Point : 50 　　　　 → 　 OB S Point : 15

　　　 CB Point : 60~70 　　 → 　 OB S Point : 17.5

　　　 CB Point : 80~90 　　 → 　 OB S Point : 22.5

큐볼이 40, 45포인트에 있을 때

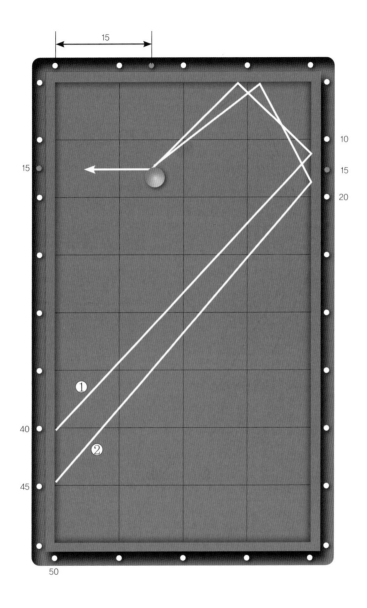

① CB point : 40   OB1 S−point : 15   OB1 L−point : 15

그러므로 제1쿠션 포인트(10) = 40 − (15 + 15)

② CB point : 45   OB1 S−point : 15   OB1 L−point : 15

그러므로 제1쿠션 포인트(15) = 45 − (15 + 15)

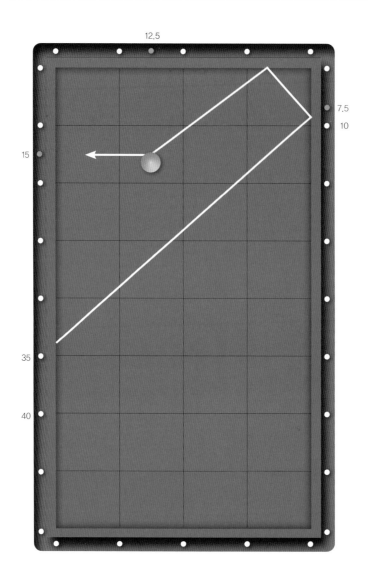

CB point : 35

OB1 S-point : 12.5

OB1 L-point : 15

그러므로 제1쿠션 포인트(7.5) = 35 - (12.5 + 15)

큐볼이 30포인트에 있을 때

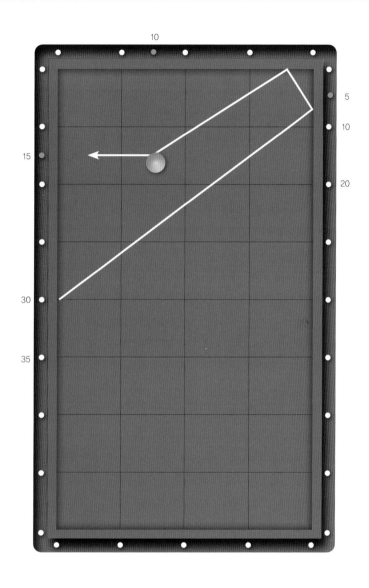

CB point : 30   OB1 S-point 10   OB1 L-point : 15

그러므로 제1쿠션 포인트(5) = 30 - (10 + 15)

　※ CB Point : 40~50　→　OB S Point : 15

　　 CB Point : 35　　→　OB S Point : 12.5

　　 CB Point : 30　　→　OB S Point : 10

7. 제1목적구가 장쿠션 20포인트에 위치한 경우

큐볼이 40, 45, 50포인트에 있을 때

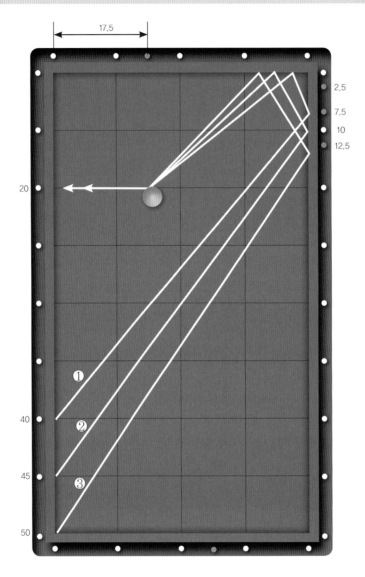

① CB point : 40   OB1 S-point : 17.5   OB1 L-point : 20
   그러므로 제1쿠션 포인트(2.5) = 40 − (17.5 + 20)

② CB point : 45   OB1 S-point : 17.5   OB1 L-point : 20
   그러므로 제1쿠션 포인트(7.5) = 45 − (17.5 + 20)

③ CB point : 50   OB1 S-point : 17.5   OB1 L-point : 20
   그러므로 제1쿠션 포인트(12.5) = 50 − (17.5 + 20)

큐볼이 60, 70 포인트에 있을 때

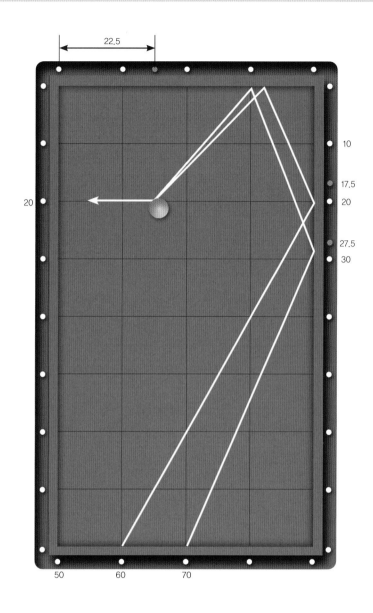

① CB point : 60　　　OB1 S-point : 22.5　　　OB1 L-point : 20

그러므로 제1쿠션 포인트(17.5) = 60 - (22.5 + 20)

② CB point : 70　　　OB1 S-point : 22.5　　　OB1 L-point : 20

그러므로 제1쿠션 포인트(27.5) = 70 - (22.5 + 20)

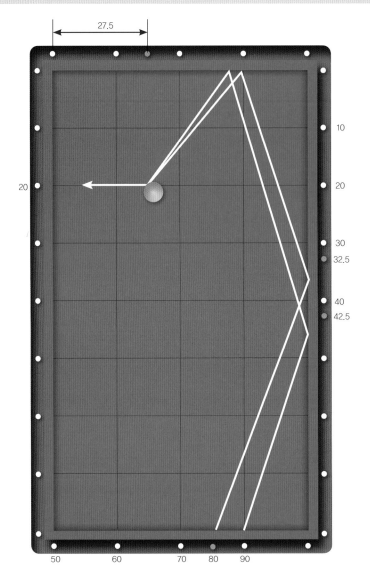

① CB point : 80   OB1 S−point : 27.5   OB1 L−point : 20

그러므로 제1쿠션 포인트(32.5) = 80 − (27.5 + 20)

② CB point : 90   OB1 S−point : 27.5   OB1 L−point : 20

그러므로 제1쿠션 포인트(42.5) = 90 − (27.5 + 20)

※ CB Point : 40~50   →   OB S Point : 17.5

CB Point : 60~70   →   OB S Point : 22.5

CB Point : 80~90   →   OB S Point : 27.5

8. 기타의 경우

제1목적구가 그림에서 처럼 위치할 경우

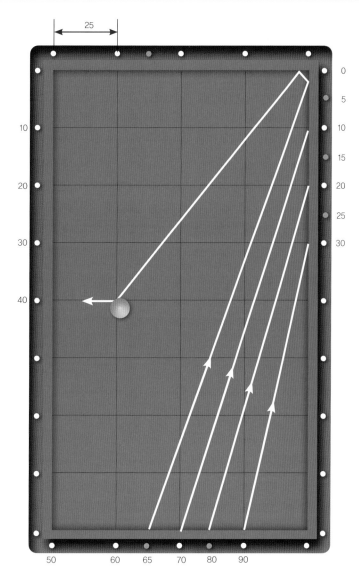

OB1 S-point : 25   OB1 L-point : 40

① CB point : 65   그러므로 제1쿠션 포인트(0) = 65 − (25 + 40)

② CB point : 70   그러므로 제1쿠션 포인트(5) = 70 − (25 + 40)

③ CB point : 80   그러므로 제1쿠션 포인트(15) = 80 − (25 + 40)

④ CB point : 90   그러므로 제1쿠션 포인트(25) = 90 − (25 + 40)

제1목적구가 그림에서 처럼 위치할 경우

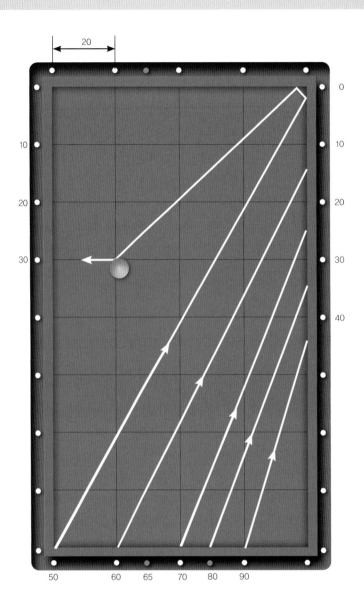

(1) 큐볼의 위치가 50, 60포인트에 있을 때에는 OB1 S-point가 10이 된다.

    예) CB point : 50

    그러므로 제1쿠션 포인트(10) = 50 - (10 + 30)

(2) 큐볼의 위치가 70, 80, 90포인트에 있을 때에는 OB1 S-point가 20이 된다.

    예) CB point : 70

    그러므로 제1쿠션 포인트(20) = 70 - (20 + 30)

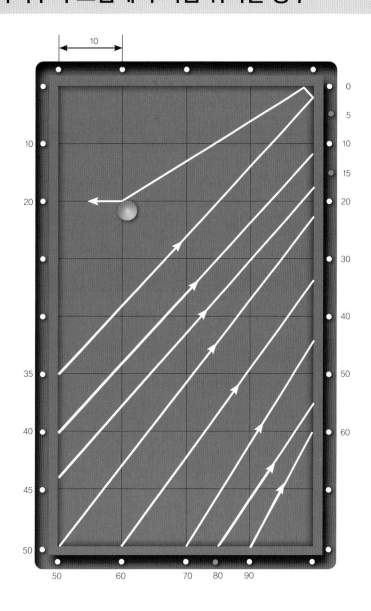

이 경우에는 제1목적구의 단쿠션 상의 위치 포인트는 10이고

따라서 제1쿠션 포인트 = CB point − (10 + 20)

7 셰퍼 샷
(Schaefer Shot)

역회전으로 치는 뱅크샷의 일종으로 조콥 셰퍼(Jocob Schaefer Sr.)에 의해 고안되었기 때문에 세퍼 샷이라고 한다.

약간 강하게 밀어치되 마지막에 큐를 잡는다.

> • A지점을 찾는 방법 : 제1적구가 장쿠션에서 떨어진 만큼 밖으로 가상의 공을 만들고, 그 공을 친다고 생각한다.(큐볼의 입사각에 따라서 2point정도 가감한다.)

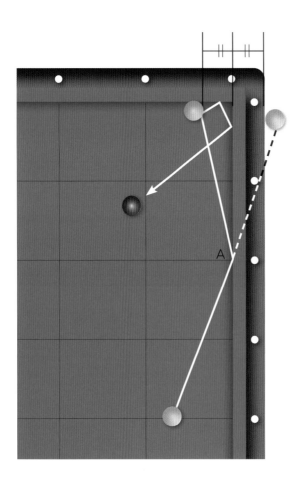

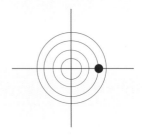

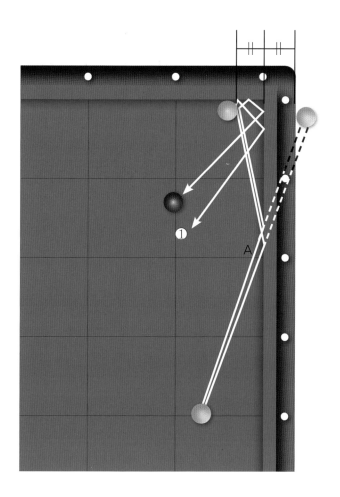

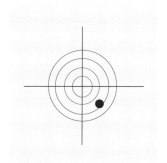

이 모양은 앞장과 같은 당점과 스트로크로 치면 ①번 선과 같이 수구가 움직인다. 그러므로 이런 모양의 풀어치기는 방법이 약간 다르다. 우선 당점은 중하단이 되고 A지점도 가상의 제1적구를 피해서 공의 1/3 정도 좌측으로 선정하면 된다. 당력은 앞장보다 더 강하게 치고, 스트로크할 때 마지막에 큐를 꽉 잡아준다.

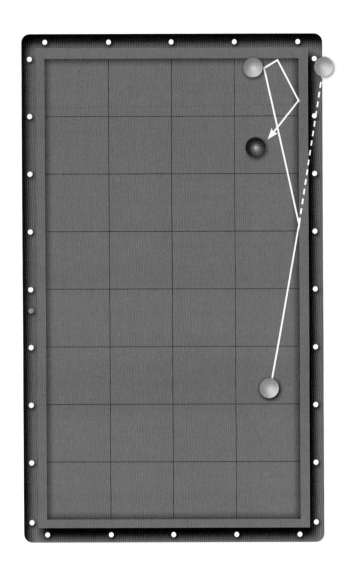

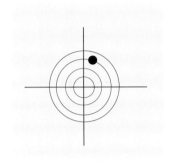

이 모양은 제1적구가 단쿠션에 붙어 있거나 근접해 있고, 제2적구는 장쿠션에는 가까이 있고, 단쿠션에서 멀리 떨어져 정상적인 타구로 풀 수 없는 모양이다.

이때는 당점이 중상단이나 상단으로 1 tip의 회전력으로 가볍게 밀어 준다. 스트로크할 때 절대 끊어 주거나 힘이 들어가서는 안 된다.

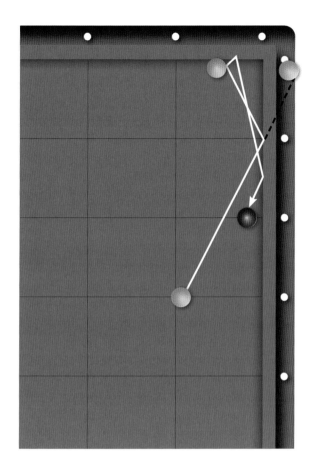

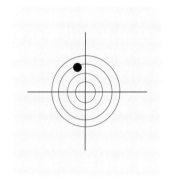

제1적구가 단쿠션에 붙어 있거나 근접해 있고, 장쿠션에서는 공 1개보다 1~2cm 더 떨어져 있는 경우이다.

타구 방법은 앞장과 같으나 회전력은 반대 방향으로 1/2 tip 정도 준다.

셰퍼 샷을 응용한 뱅크 샷

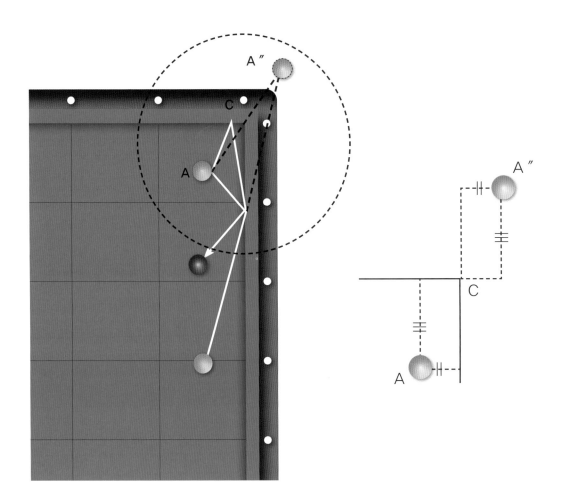

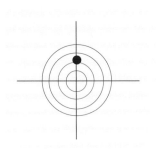

보통 큐볼, 제1목적구, 제2목적구 모두 쿠션에 근접해 있고, 거의 동일선상에 있을 때 적용된다.

8 티키 타입
(Type Of Ticky)

제1목적구가 단쿠션으로부터 공 1개나 그보다 조금 더 떨어지고(1cm 정도), 큐볼은 제1목적구에 대해 각이 많이 서 있는 경우이다.

풀어치려면 큐볼을 보통 당력으로 밀어친다.

이런 모양은 대부분 30포인트 부근으로 떨어진다.

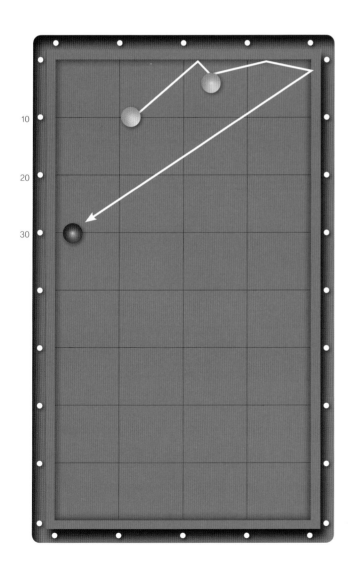
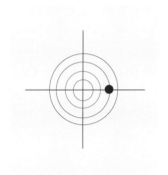

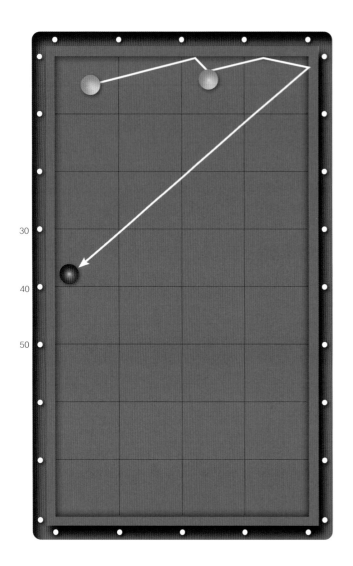

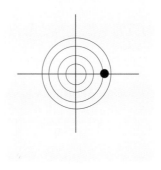

공들이 놓인 상황은 앞장과 같은데 큐볼과 제1목적구가 비슷한 선상에 있을 때, 앞장과 같은 요령으로 치면 40포인트 부근으로 떨어진다.

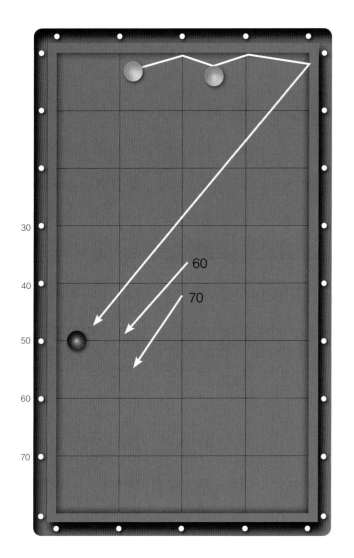

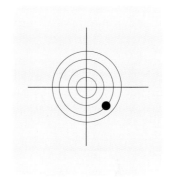

모양은 앞장과 같다. 앞장은 당점이 중단이지만, 이 장은 당점이 중하단이다. 앞장에서는 가볍게 밀어치면 40포인트로 가지만 이 장은 50포인트에 제2목적구가 있다. 이때는 당점이 중하단을 주고 약간 끊어친다. 즉 가볍게 끊어치는 것이 10포인트 더 길게 떨어지는 작용을 하는 것이다. 약간 더 강하게 끊어치면 60, 70포인트로 큐볼이 움직인다.

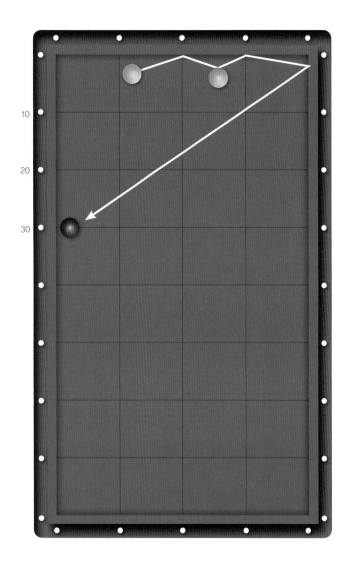

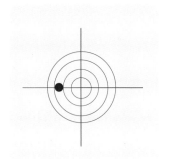

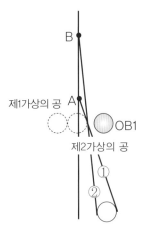

모양은 앞장과 같다. 당점은 중단에 −½tip을 주고 가볍게 밀어친다.

① 구멍을 두껍게 칠 때 − A

② 구멍을 얇게 칠 때 − B

단, 구멍의 넓이가 공 1개 이상(1개 반 정도)일 때 적용됨.

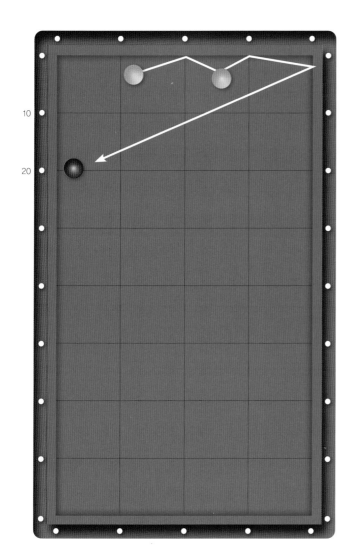

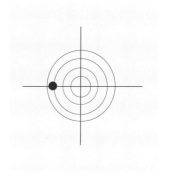

공의 두께

당점은 중단에 −1tip 정도 준다. 치는 요령은 앞장과 같다.

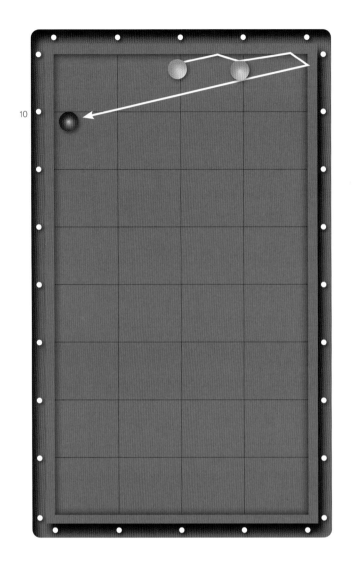

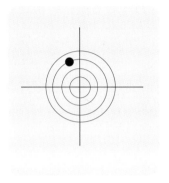

당점은 중상단에 −2tip 정도 주고 앞장과 같이 가볍게 밀어친다.

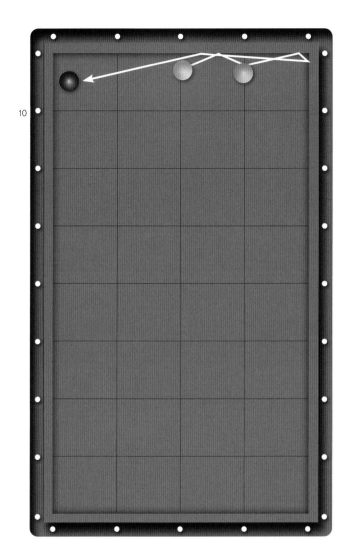

공의 두께

이 모양은 제1목적구의 구멍이 공 1개보다 작을 때 풀어치는 방법이다. 당점은 중상단에 2tip을 주고 약간 강하게 밀어친다.

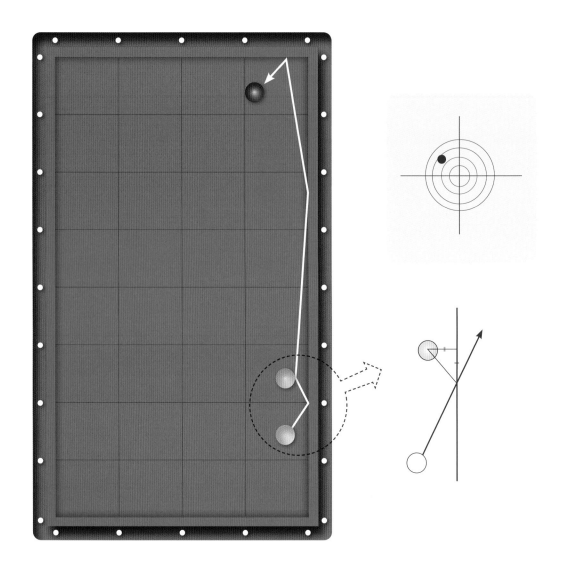

공의 두께

당점은 중상단에 2.5tip 준다. 타구는 약간 강하게 밀어친다.

Ticky의 응용

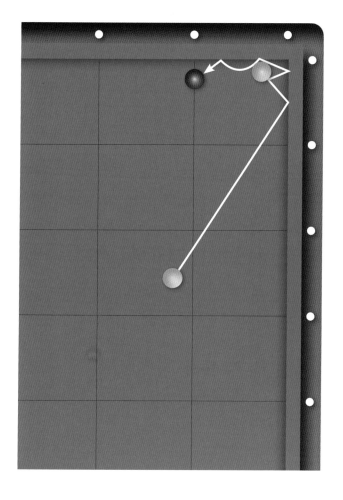

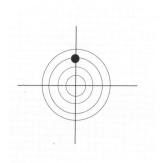

제1목적구와 장쿠션과의 거리가 공 반(1/2)개 정도 떨어져 있고 제1, 2목적구가 모두 단쿠션에 붙어 있는 모양이다. 약간 강하게 밀어친다.

9 스리 온 투 시스템
(Three on two system)

단쿠션일 경우

큐는 코너 포인트가 아니라 코너의 각을 본다.

그림에서 최대 각을 18포인트로 잡았는데, 테이블 바닥의 상태에 따라 15포인트 또는 20포인트가 될 수도 있다. 최대 각이 15 또는 20포인트일 때는 각각의 포인트를 비율로 나누면 된다.

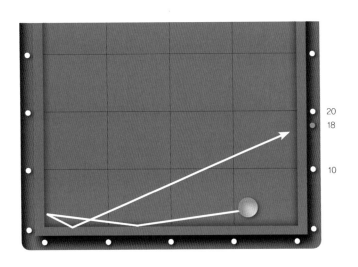

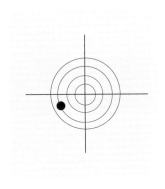

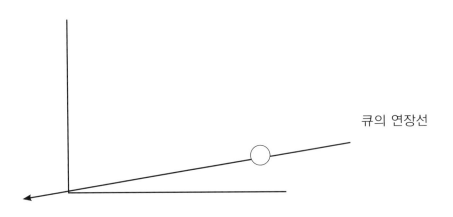

큐의 연장선

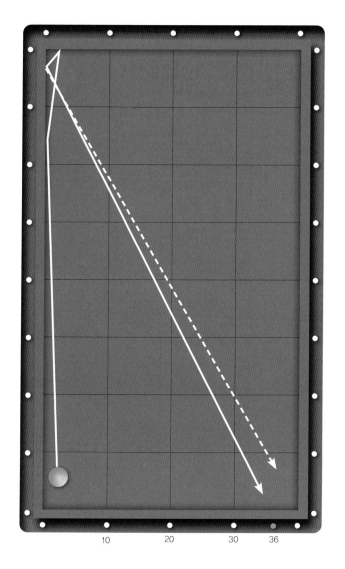

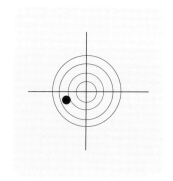

장쿠션일 경우

앞장에서와 같이 장쿠션에서 단쿠션으로 칠 때 최대 각이 18포인트이면, 단쿠션에서 장쿠
션으로 칠 때는 36포인트가 된다(왜냐하면 장쿠션의 길이는 단쿠션의 2배이다).

• 쿠션의 반발이 강할 때 점선과 같이 떨어질 수도 있다.

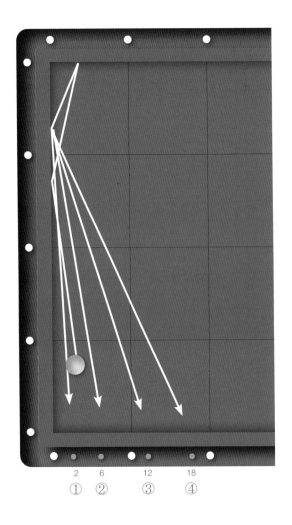

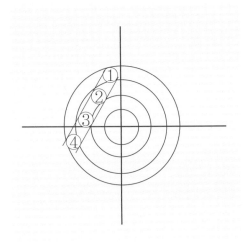

당점이 들어가는 선. 가볍게 밀어치되 마지막에 큐를 잡아준다.

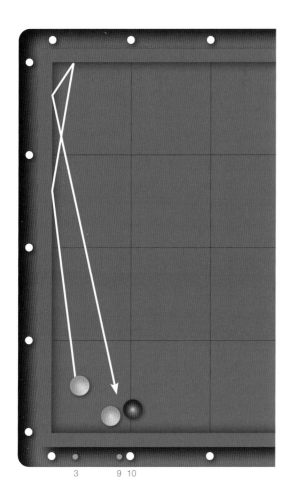

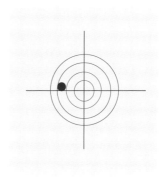

큐볼의 위치 포인트 + 목적구의 위치 포인트 ⇒ 당점

그림에서는 큐볼의 위치 포인트가 3이고 목적구의 위치 포인트는 9이므로 합이 12포인트
이다. ⇒ 당점 ③번

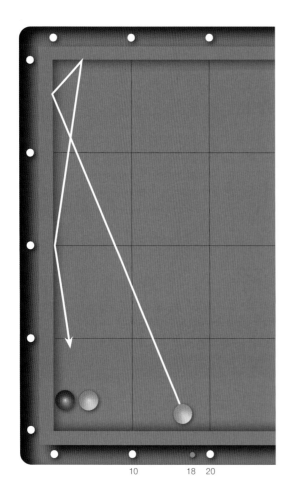

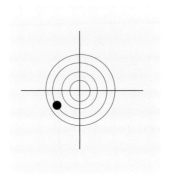

10   18 20

당점 ④번

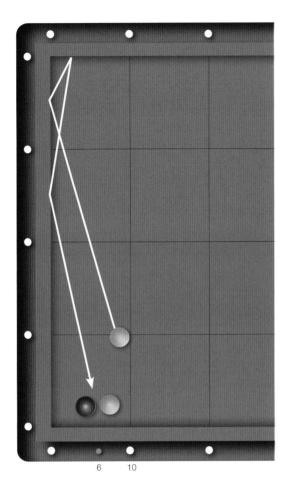

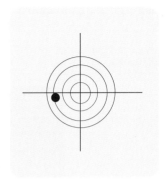

6 10

큐볼과 목적구 포인트의 합이 16포인트 이므로, 당점은 ③번과 ④번의 중간이지만 ④번에
가깝게 준다.

제1목적구가 각각의 포인트에 있을 때, 큐볼의 당점에 변화를 주면 거의 비슷하게 세번째 쿠션에 떨어짐을 알 수 있다. 물론 다르게 쳐도 그와 같이 보낼 수 있지만, 규칙적으로 연습하면 효과적이다.

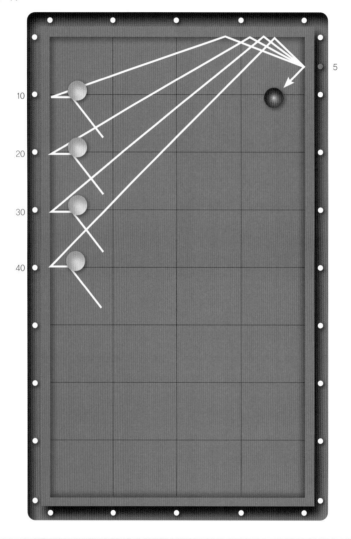

※ 위에서는 당점에 변화를 줌으로써 첫번째 쿠션과 세번째 쿠션 포인트의 합이 15, 25, 35, 45가 되게 하고 있다. 이외에도 당점은 그대로 하되 회전력에 약간의 변화를 주면 첫번째 쿠션의 포인트와 세번째 쿠션의 합이 10, 20, 30, 40, 50이 되게 할 수 있다.

제1, 제3 쿠션의 합이 15인 경우

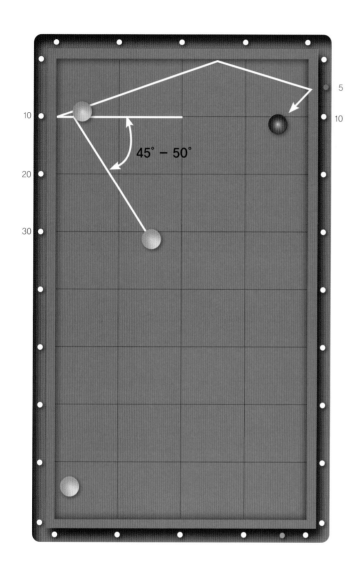

45° − 50°

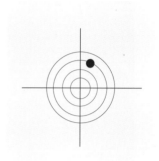

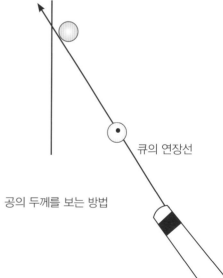

큐의 연장선

공의 두께를 보는 방법

당점은 상단에 1.5tip을 주고 가볍게 친다.

제1, 제3 쿠션의 합이 25인 경우

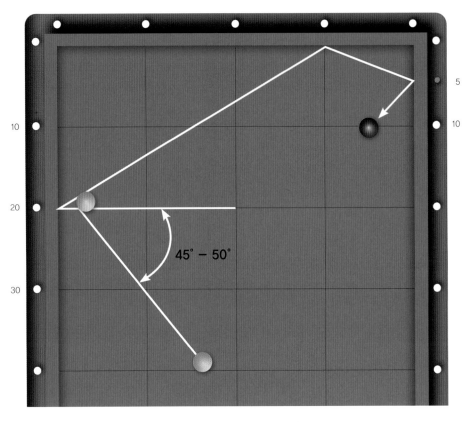

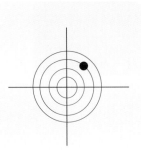

중상단에 2tip을 주고 가볍게 친다.

제1, 제3 쿠션의 합이 35인 경우

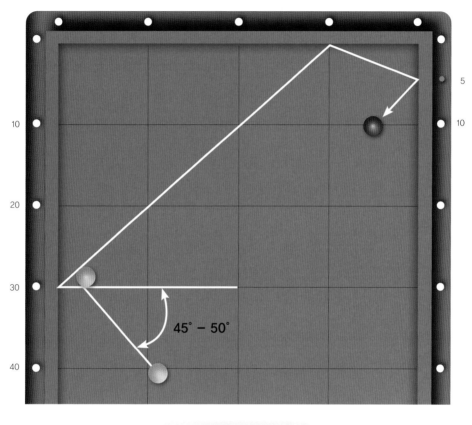

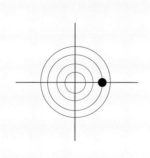

중단에 2.5tip을 주고 가볍게 친다.

제1, 제3 쿠션의 합이 45인 경우

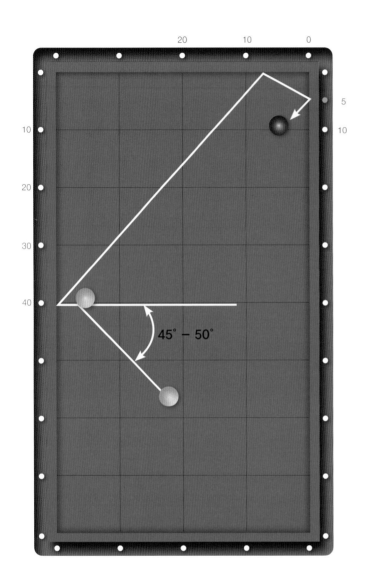

중하단에 2.5tip을 주고 밀어 주는 식으로 가볍게 친다.

제1쿠션에 대한 큐볼의 입사각이 40° 이하인 경우

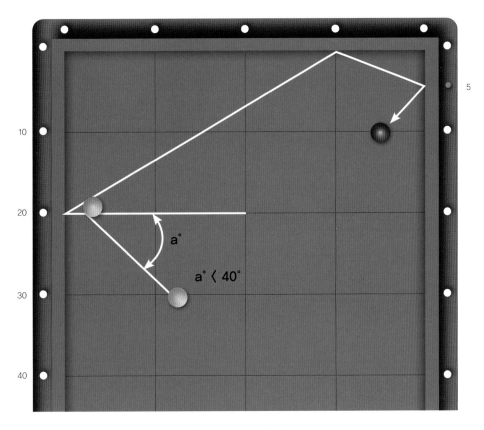

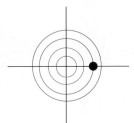

큐볼과 제1목적구의 각이 40°보다 작을 때는 작은 정도에 따라 목적구 위치의 합이 30이나 40포인트에 있을 때 치는 요령으로 치면 된다. 즉 20포인트에 있을 때는 당점이 중상단이지만, 큐볼의 입사각이 작으므로 30이나 40포인트에 있는 목적구를 치듯이 중단이나 중하단을 친다.

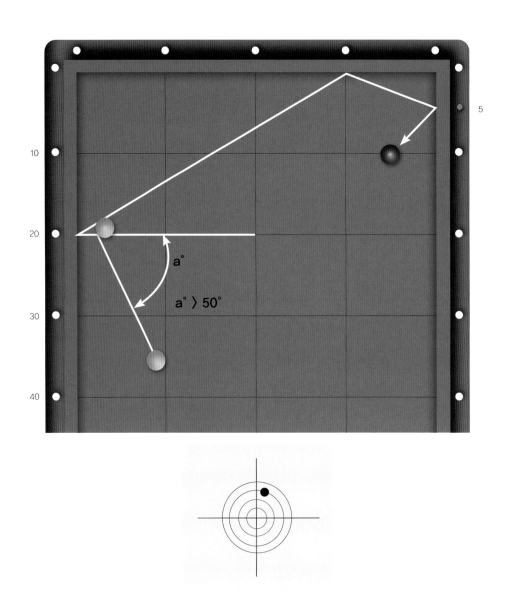

이 모양은 큐볼의 입사각이 50°보다 클 때이다. 앞장과 반대로 제1적구가 20포인트에 있으면 10에 있을 때 치는 요령으로 푼다.

짧은 비껴치기 시스템을 응용한 긴 비껴치기

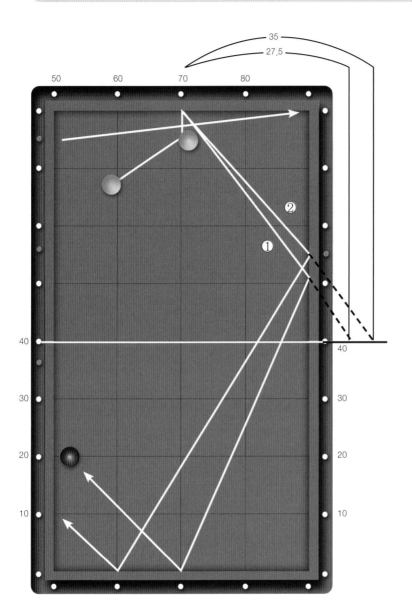

①번 당점
②번 당점

이런 모양은 먼저 계산해서 두번째 쿠션의 포인트를 찾는다. 당구대를 그림과 같이 이등분한 다음, 출발 포인트와 두번째 포인트를 연결한 연장선을 당구대를 이등분한 선까지 연장한다. 치는 요령은 앞에서와 같다.

① 70 - 20 = 50   거리가 약 27.5 정도 되므로 당점은 중상단에 2tip을 준다.

② 70 - 10 = 60   거리가 약 35 정도 되므로 당점은 중단에 2.5tip을 준다.

비껴치기

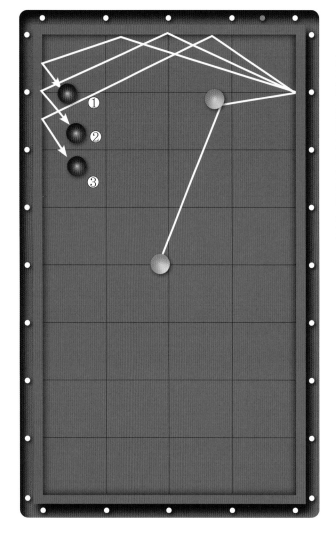

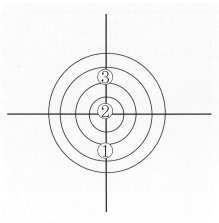

① 중하단에 1/2tip을 주고 약간 강하게 친다.

② 중단에 1/2tip을 주고 약간 강하게 친다.

③ 중상단에 1/2tip을 주고 약간 강하게 친다.

무회전(No English) 비껴치기

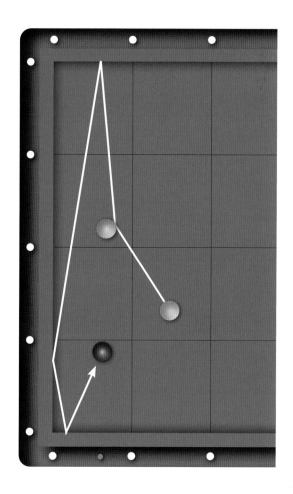

중단 또는 중하단에 스핀없이 각(제1쿠션으로 들어가는 각)만 만들어서 가볍게 친다.

• 수구의 입사각과 반사각만을 이용한다.

⑪ 긴 비껴치기 시스템

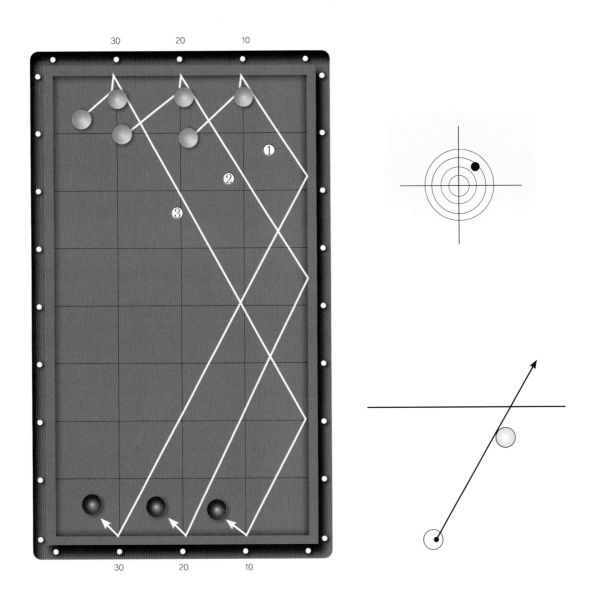

출발 포인트 + 도착 포인트 = 40

중상단에 2tip을 주고 약간 강하게 밀어친다.

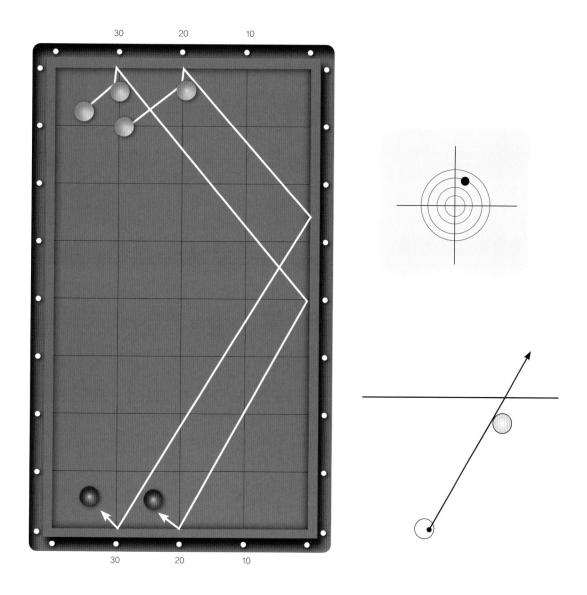

중상단에 2.5tip을 주고 가볍게 밀어친다.

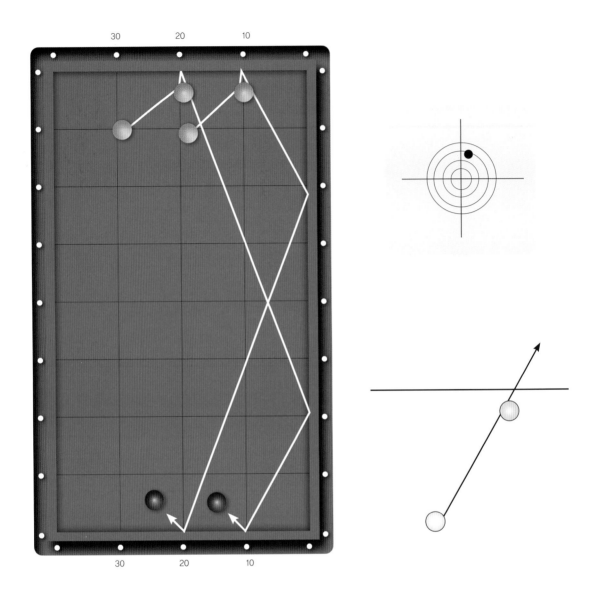

출발 포인트 + 도착 포인트 = 30

중상단에 1tip을 주고 가볍게 밀어친다.

인사이드 앵글 샷
(Inside Angle Shot)

짧게 떨어뜨리는 샷

중하단에 1.5tip을 주고 가볍게 밀어친다.

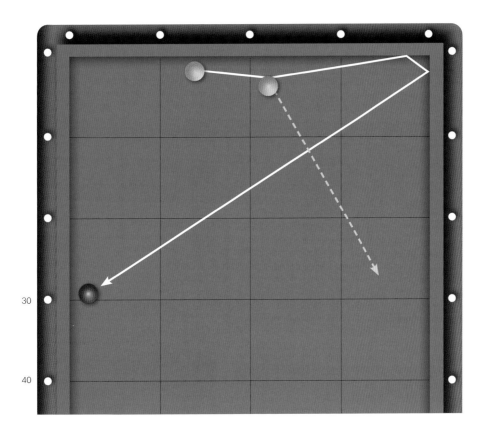

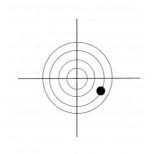

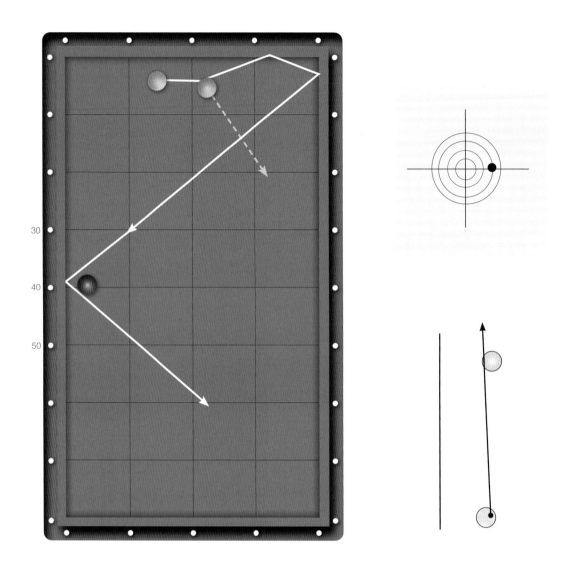

중단에 2.5tip을 주고 가볍게 끌어친다.

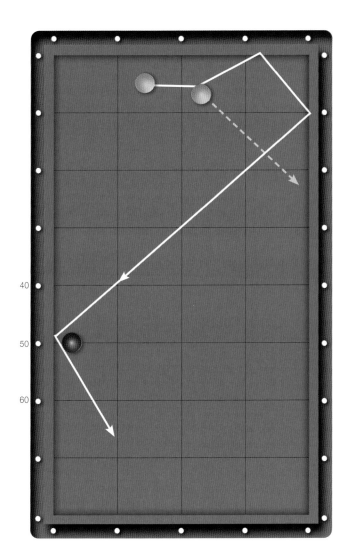

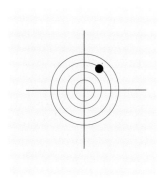

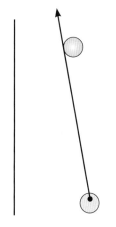

중상단에 1.5tip을 주고 가볍게 밀어친다.

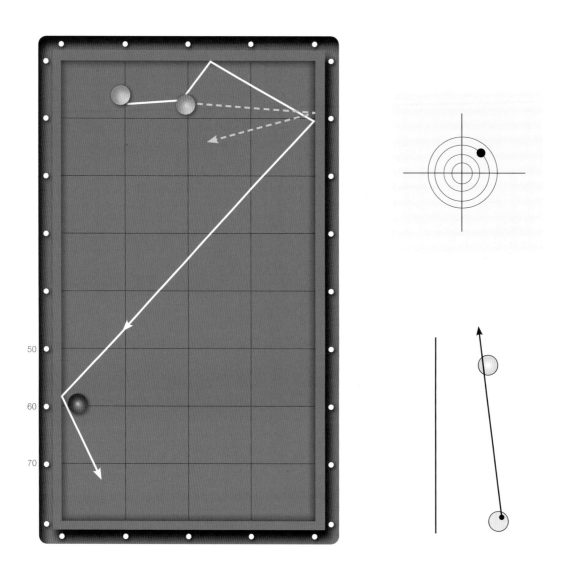

중상단에 2tip을 주고 가볍게 밀어친다.

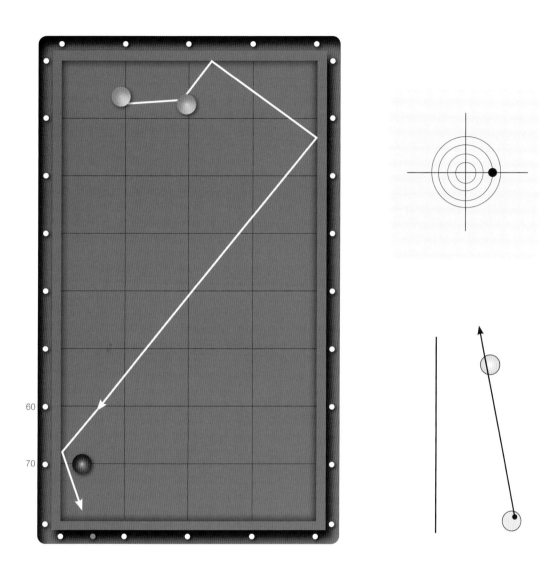

중단에 2tip을 주고 가볍게 끊어친다.

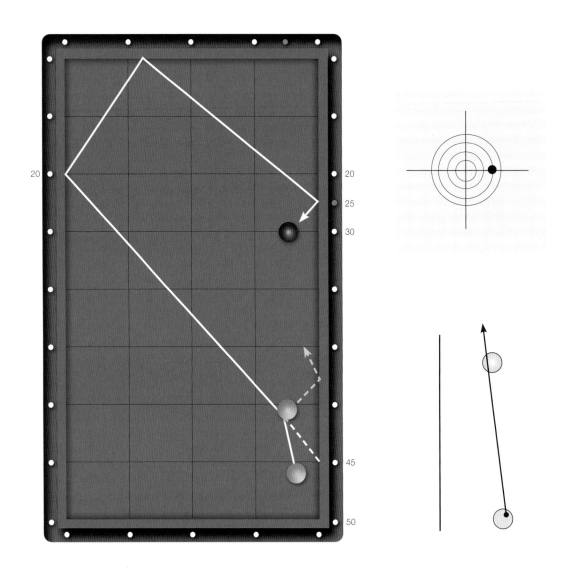

이런 유형의 공은 Five and a half system을 이용해서 제1쿠션까지 가볍게 보낸다. 당점은 2.5tip을 주고 가볍게 친다. 즉 큐를 깊숙히 집어넣는 기분으로 치되 제1적구의 이동 위치를 생각해서 힘을 조절한다.

$$45 - 25 = 20$$

두께 보는 방법

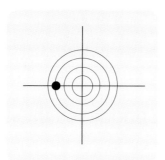

A : 30~50cm

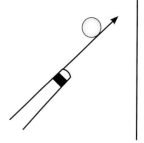

B : 80~100cm
(수구와 제1적구의 거리)

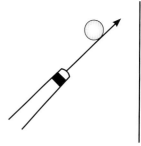

C : 약 150cm

13 크로스 테이블 샷
(Cross Table Shot)

아웃사이드 더블 쿠션(Outside double cushion)

71페이지를 응용해서 같은 방법으로 친다. 단. 마지막에는 큐를 가볍게 잡아주는 기분으로 친다.

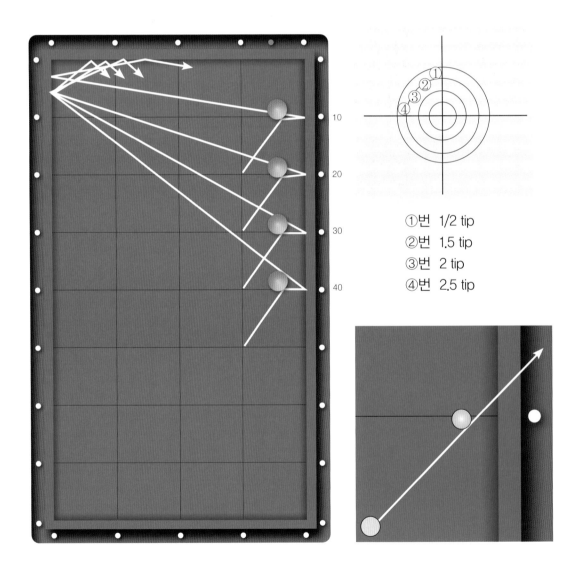

①번 1/2 tip
②번 1.5 tip
③번 2 tip
④번 2.5 tip

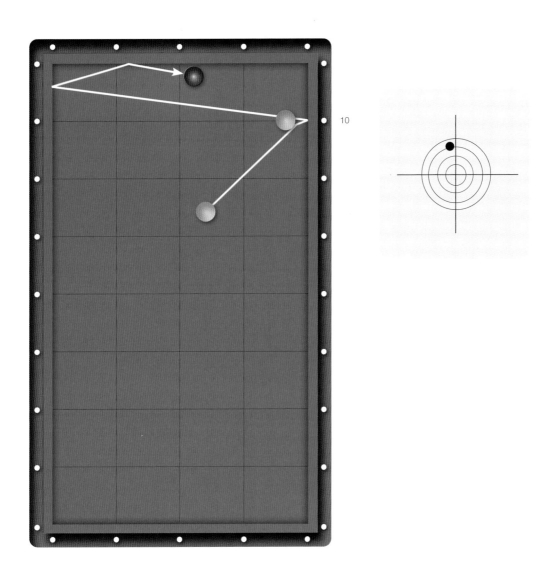

10

당점은 상단에 1/2tip을 주고 가볍게 친다.

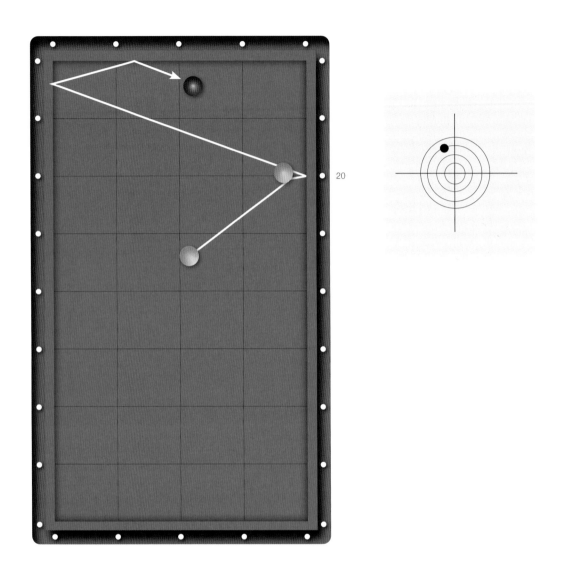

20

당점은 상단에 1.5tip을 주고 가볍게 친다.

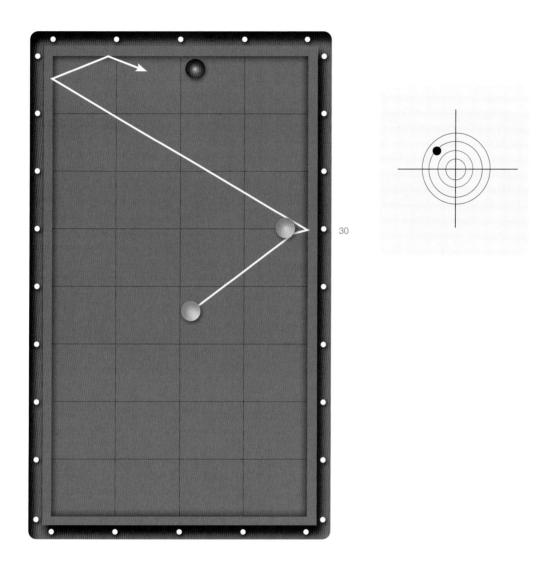

30

중상단에 2tip을 주고 가볍게 친다.

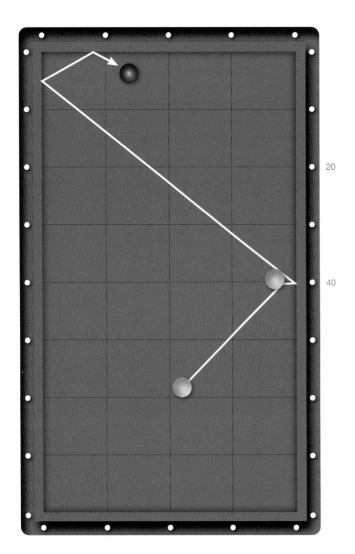

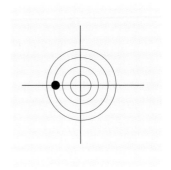

당점은 중단에 2.5tip을 주고 가볍게 친다.

크로스 테이블 샷의 응용

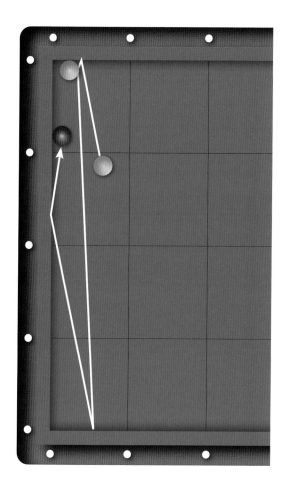

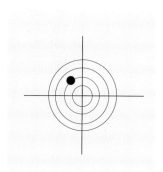

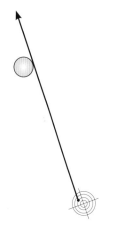

중상단에 1.5tip을 주고 가볍게 밀어친다. 중하단으로 칠 수도 있다.

인사이드 더블 쿠션(Inside double cushion)

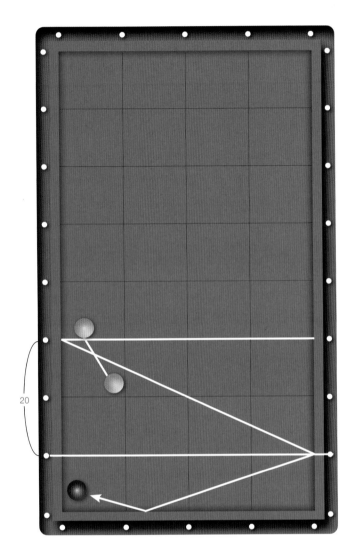

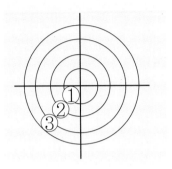

① 10p 차이
② 20p 차이
③ 30p 차이

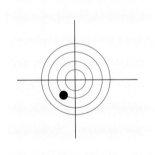

가볍게 끊어친다.

- 두께 : 수구가 제1적구를 맞고 긴쿠션에 거의 수직으로 들어갈 수 있는 두께.
- 포인트 : 수구가 긴쿠션에 수직으로 들어가 맞는 포인트. 수구가 긴쿠션에서 다시 긴 쿠션으로 이동하여 다음 짧은 쿠션으로 이동하여 제2적구가 맞을 수 있는 가상의 포인트
- 당점 : 첫번째 포인트와 두번째 포인트의 차이. 그림에서는 20포인트이므로 2tip. 공의 중심으로부터 45° 방향으로 공의 모양에 따라 좌하향 또는 우하향.

※ 주의 : 힘이 강하거나 끊어치는 정도가 강하면 많은 차이가 날 수도 있으므로 많은 연습이 필요하다.

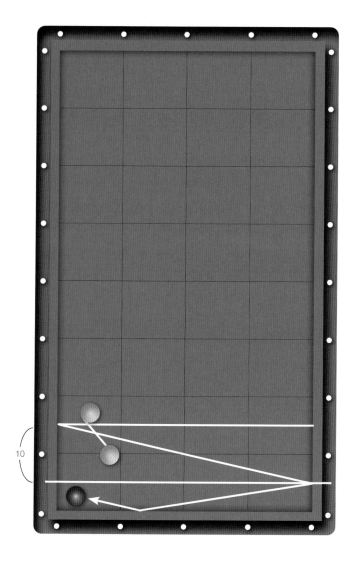

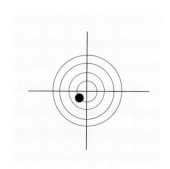

앞장의 그림과 같이 첫번째 포인트와 두번째 포인트의 차이가 20포인트이면 2tip을 주고, 이 장의 그림과 같이 10포인트 차이 나면 1tip을 준다. 만약 그 차이가 15포인트이면 1.5tip을 주고, 30포인트이 차이면 3tip을 준다.

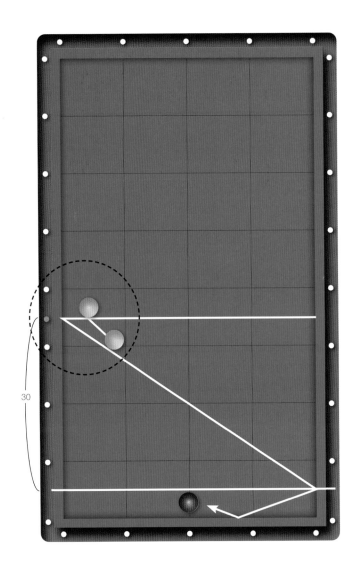

30

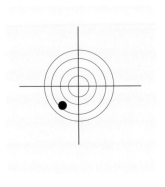

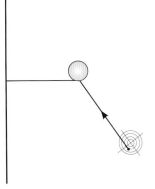

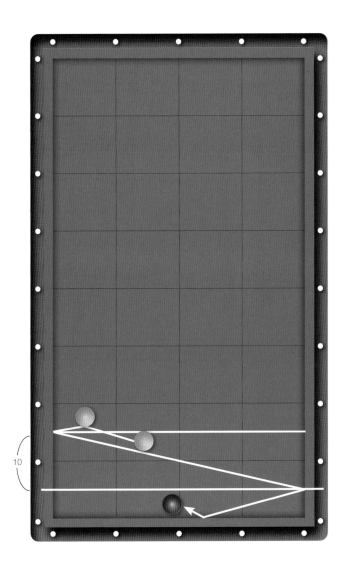

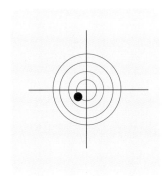

당점

공의 모양에 따라 좌상향 또는 우상향. 45° 방향으로 포인트 차이만큼 tip을 준다.

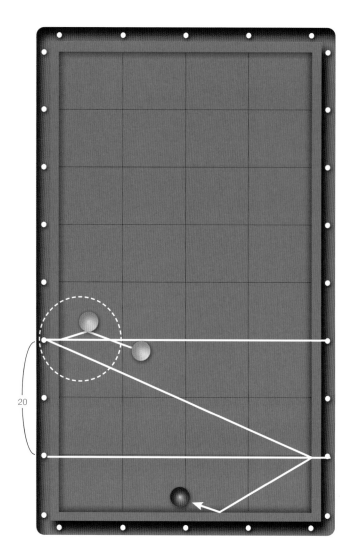

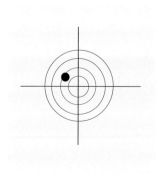

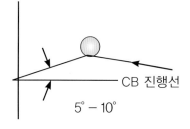

CB 진행선

5° - 10°

가볍게 밀어친다. 중상단에 2tip을 준다. 이 모양은 앞장과 비슷하나, 수구가 제1적구를 맞고 제1쿠션으로 진행할 때, 수직으로 들어가지 못하는 모양이다. 제1적구를 얇게 맞혀도 수구의 진행 방향이 긴쿠션에 대해 5~10° 정도 비틀려서 들어가는 모양이다.

1.5tip을 주고 가볍게 밀어친다. 중하단으로 칠 수도 있다.

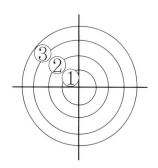

① 제1쿠션과 제2쿠션의 차이가 10point
② 제1쿠션과 제2쿠션의 차이가 20point
③ 제1쿠션과 제2쿠션의 차이가 30point
   그림에서는 20point 차이이다.

14 아웃사이드 앵글 샷
(Outside Angle Shot)

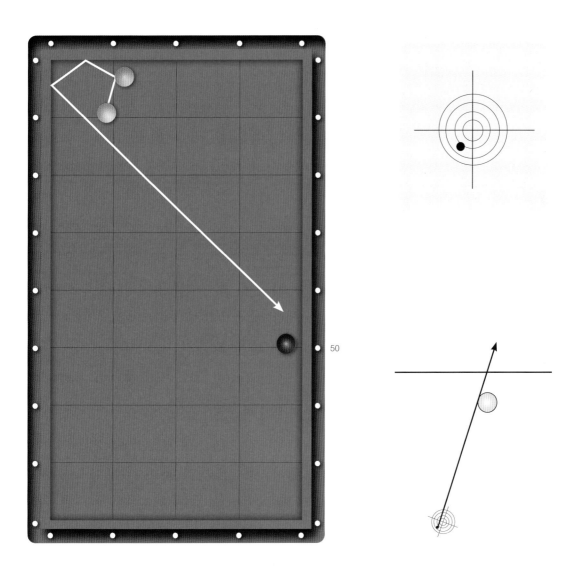

50

중하단에 2tip을 주고 가볍게 밀어친다.

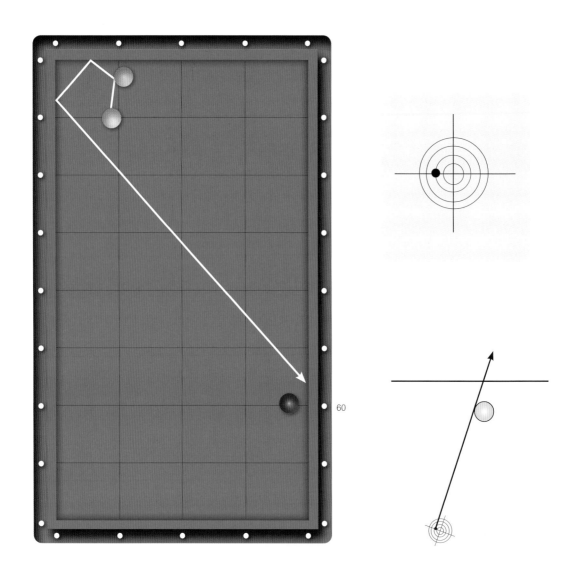

60

중단에 1.5tip을 주고 가볍게 친다.

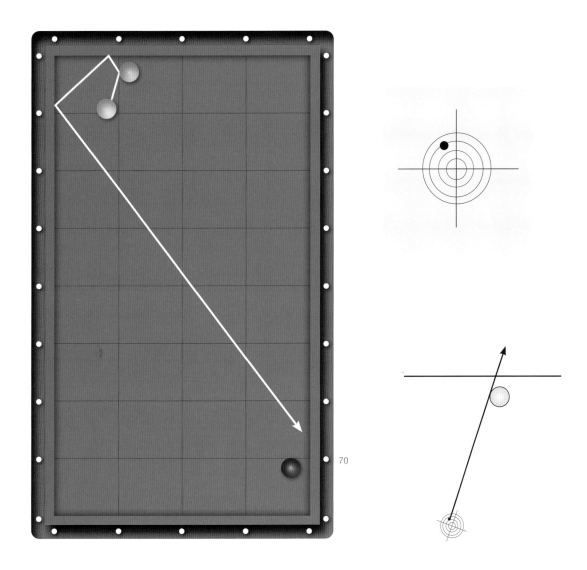

70

중상단에 1.5tip을 주고 가볍게 친다.

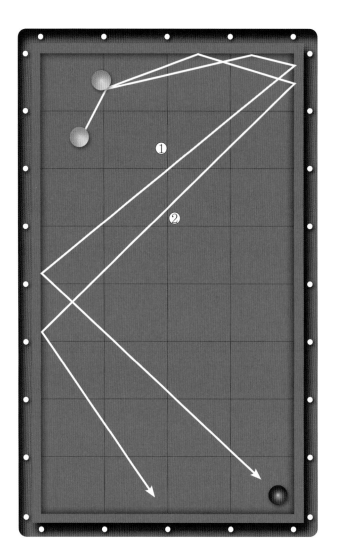

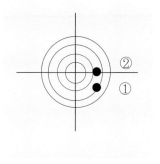

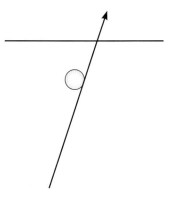

① 중하단에 2tip을 주고 가볍게 끌어친다.
② 중단에 2tip을 주고 가볍게 친다.

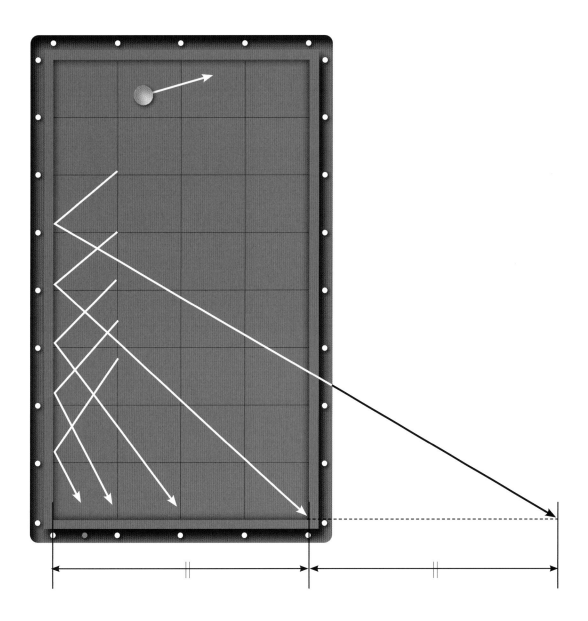

장쿠션 1포인트당 2배 정도 간격으로 떨어지는 것을 알 수 있다.

① 회전력 없이 당점을 중상단에 주고 가볍게 밀어친다.

② 중상단에 1tip을 주고 가볍게 밀어친다.

무회전 앵글 샷(No English Angle Shot)

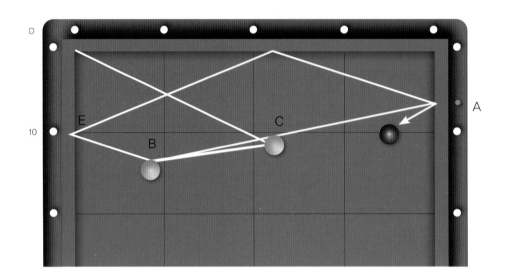

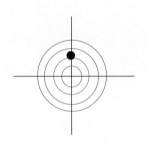

• 무당(노 스핀)으로 치는 방법 : 〈E점(제1쿠션) 찾는 법〉

먼저 제2적구가 맞는 포인트(즉 세번째 쿠션)을 찾는다. 다음 제1적구와 A를 직선으로 연결한다. 그리고 그 선을 이등분하여 C를 찾는다. C와 코너 각을 연결하고 그 선과 평행이 되도록 B로부터 첫번째 쿠션에 도달하도록 선을 그어 E를 찾은 후, 제1적구에 맞고 E로 가도록 수구를 보낸다.

$$\overline{AC} = \overline{BC}$$

$$\overline{DC} \mathbin{/\!/} \overline{EB}$$

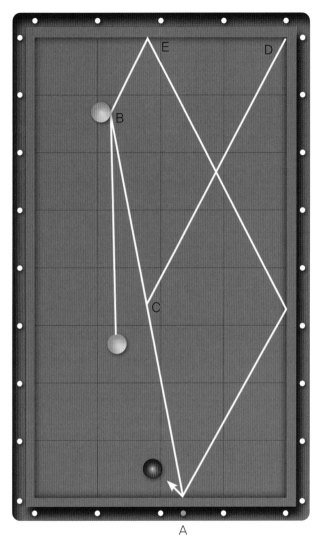

치는 방법

앞장과 같음. 단 강하게 치면 안 된다.

$$\overline{AC} = \overline{BC}$$

$$\overline{DC} \mathbin{/\!/} \overline{EB}$$

먼저 A점을 찾고 BA를 이등분하여 C점을 찾는다. C점과 코너 D점을 연결하여 CD와 평행
인 BE를 그리면 BE와 만나는 제1쿠션 포인트 E점이 CB가 가야 할 곳이다.

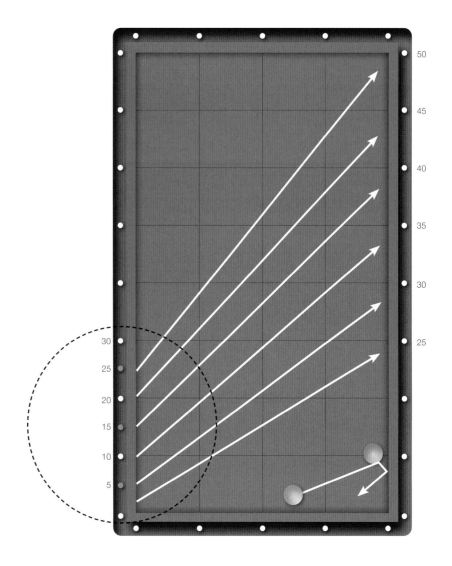

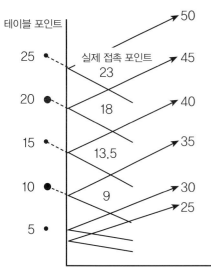

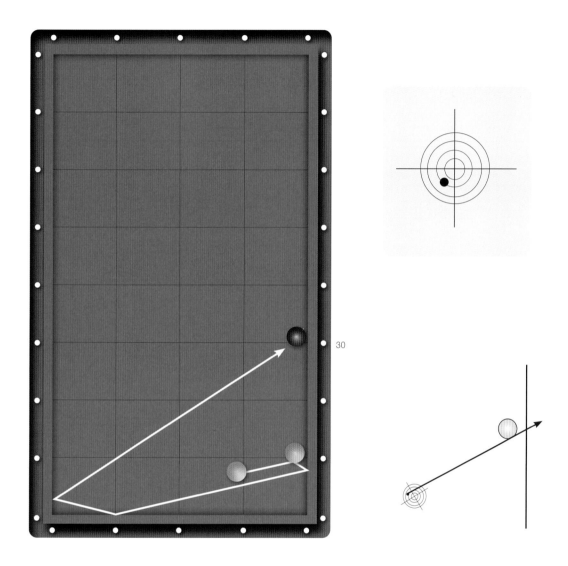

30

당점은 중하단에 −1tip을 주고 가볍게 끊어친다.

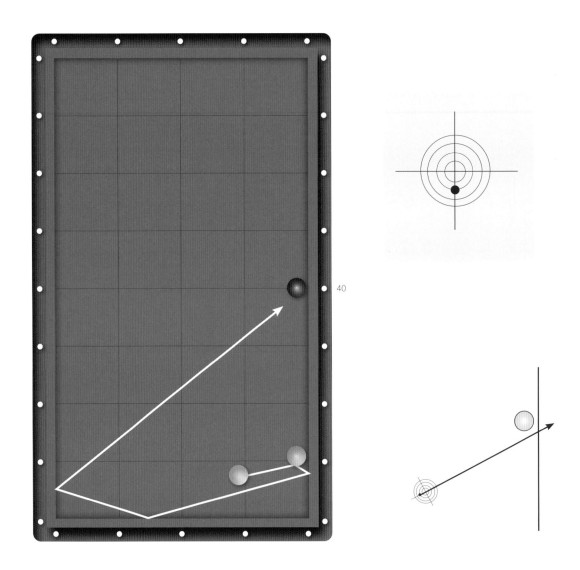

중하단에 무당을 주고 가볍게 끊어친다.

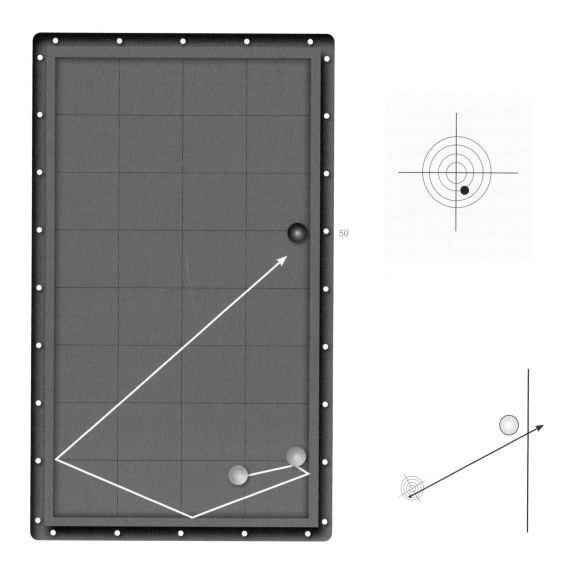

중하단에 1tip을 주고 가볍게 끊어친다.

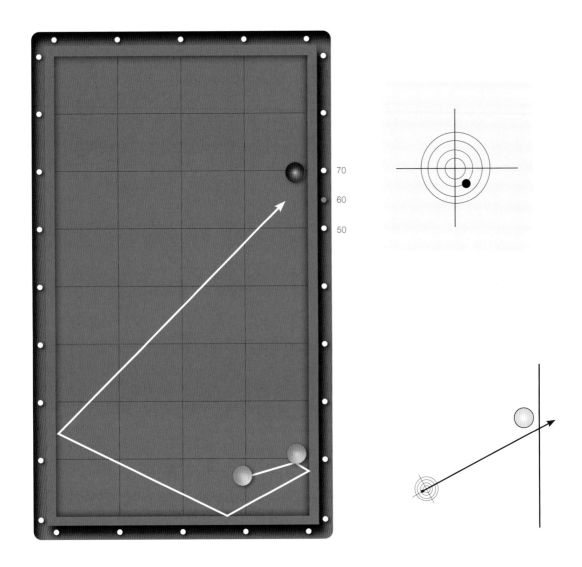

중하단에 1tip을 주고 가볍게 끊어친다.

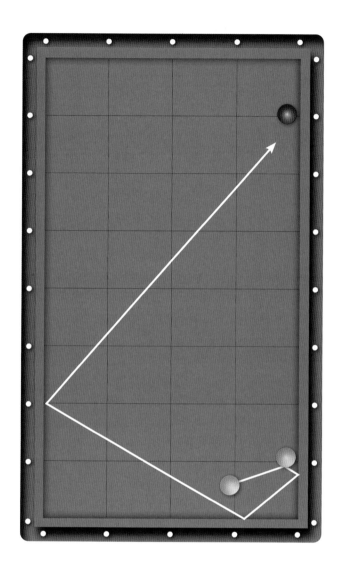

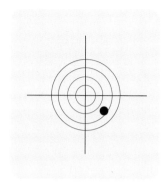

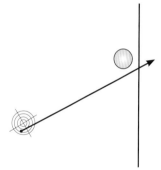

중하단에 2tip을 주고 가볍게 끊어친다.

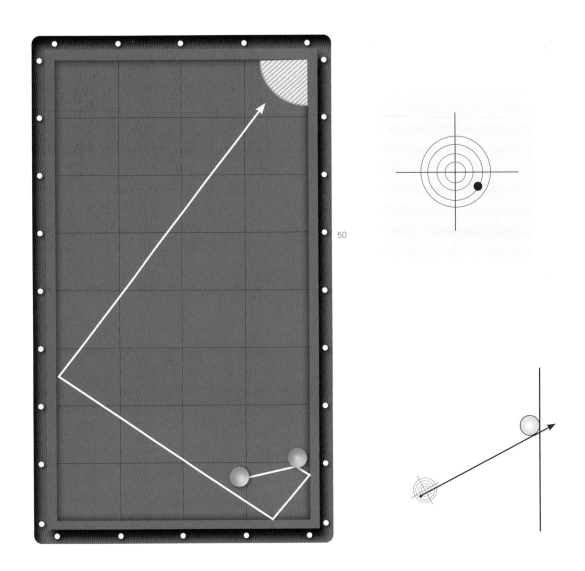

중하단에 2tip을 주고 가볍게 끊어친다.

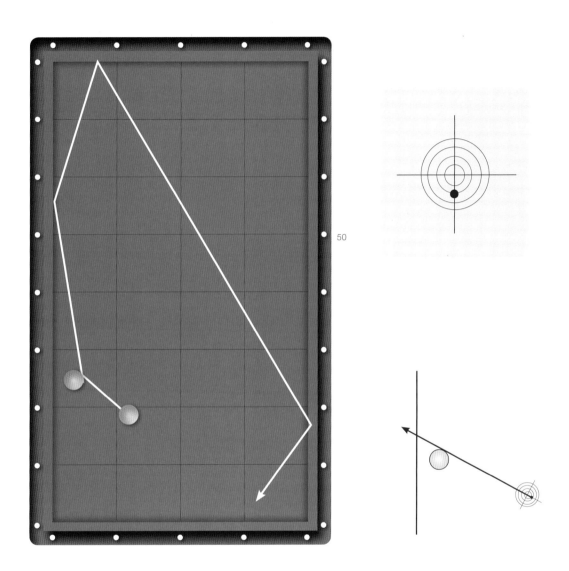

50

- 이런 유형의 문제는 당점을 중하단에 두고 무당(또는 −1tip)으로 해결하면 편하다. 밀어치지 말고 가볍게 끌어친다.
- 비틀기가 들어가면 안 된다.

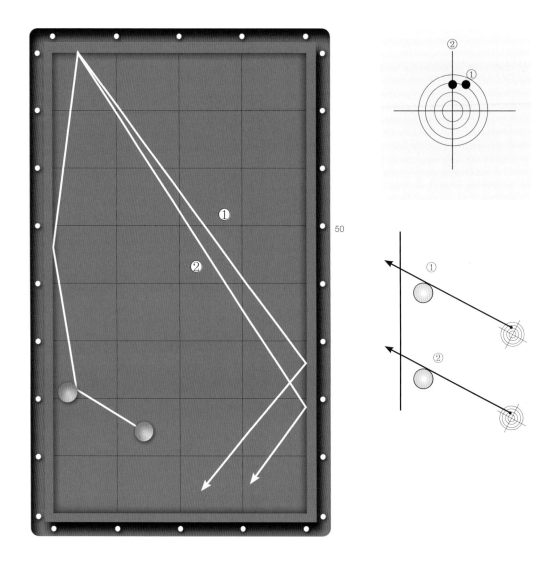

- 앞장과는 달리 이 모양은 제1적구가 장쿠션에 붙어 있거나 근접해 있을 때 : 당점은 중 상단에 주지만 회전력의 차이에 따라 ①이나 ②의 선으로 진행 방향이 달라진다.

① 회전력이 2tip 이상일 때

② 회전력이 1tip일 경우에는 약간 강하게 밀어친다.

※ 너무 강하게 치면 CB에 밀어치는 효과가 많이 남아 전혀 다른 코스로 갈 수도 있다.

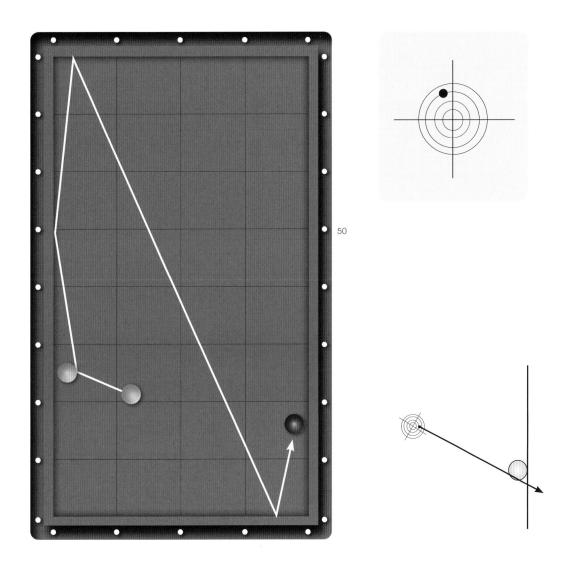

50

- 당점은 중상단에 1~1/2(앞장과는 반대 회전)을 주고 가볍게 밀어친다.

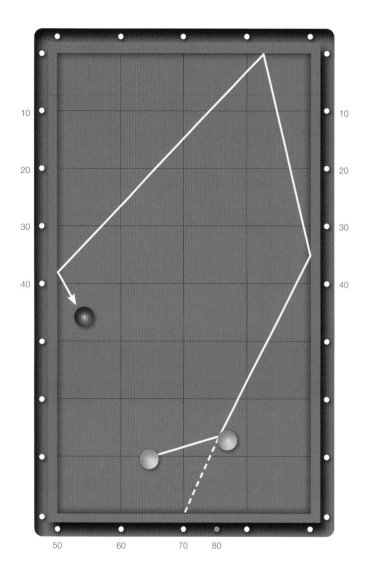

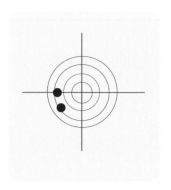

이런 모양도 Five and a half system을 이용해서 제1쿠션까지 보내면 된다.

- 당점은 중단 또는 중하단에 2tip을 준다.

CB가 OB1 의 우측에 위치한 경우

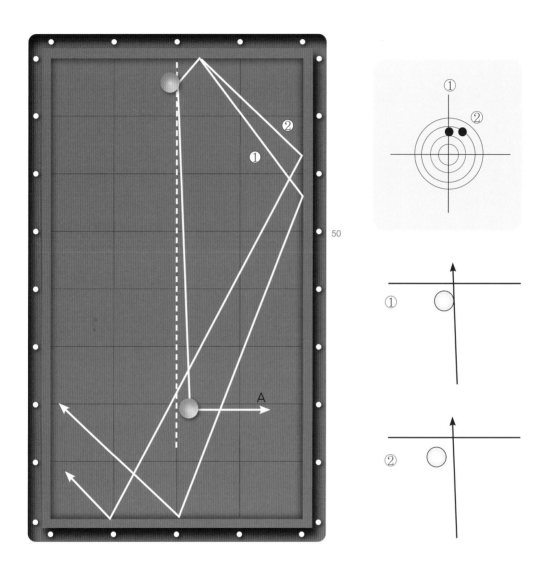

① 회전력 없이 당점은 중상단에 주고 가볍게 밀어친다.

② 중상단에 1tip을 주고 가볍게 밀어친다

• 수구가 A쪽으로 이동하면 회전력에 변화를 주지 말고 두께를 더 두껍게 하는 것이 편
하다.

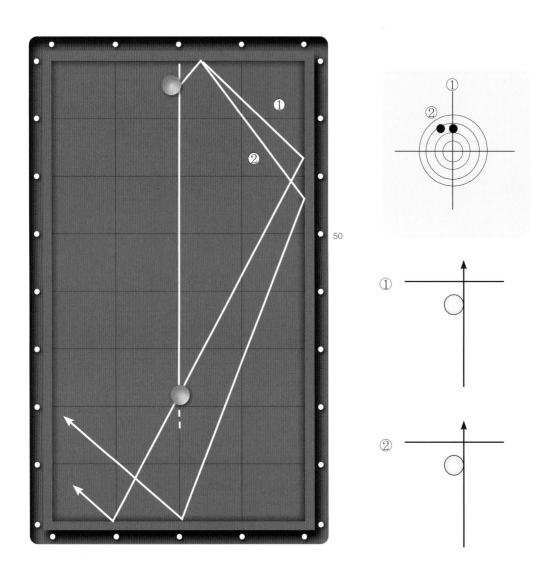

① 회전력 없이 당점은 중상단에 주고 가볍게 밀어친다.

② 회전력은 앞장과는 반대로 1tip을 주고 가볍게 밀어친다.

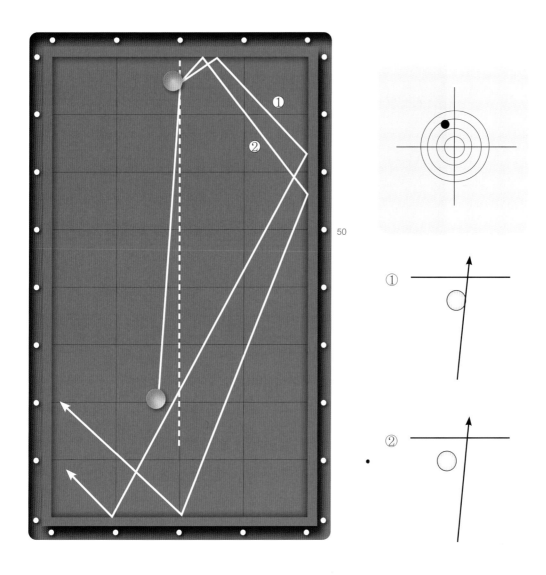

① 중상단에 1tip을 주고 가볍게 밀어친다

② 치는 방법은 ①과 같으나 제1적구를 보는 두께가 틀리다.

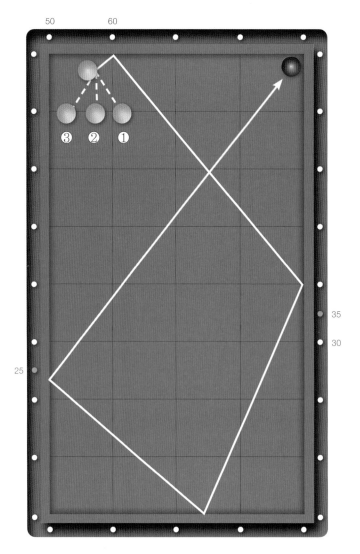

① 중하단에 1tip. 가볍게 끊어친다.

② 중하단에 무회전. 가볍게 끊어친다

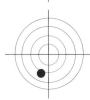

③ 중하단에 1tip(①번과는 반대회전). 가볍게 친다.

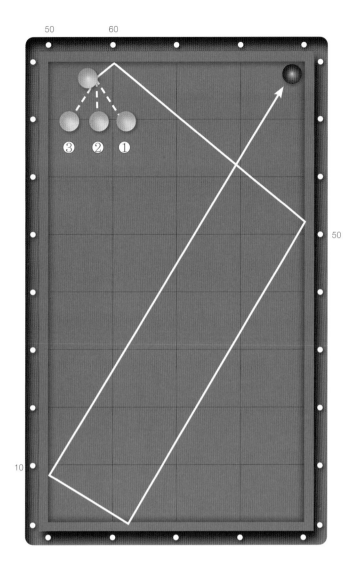

 ① 중하단에 1.5tip을 주고 가볍게 끊어친다.

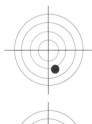 ② 중하단에 1/2tip을 주고 가볍게 끊어친다.

 ③ 중하단에 무당을 주고 가볍게 끊어친다.

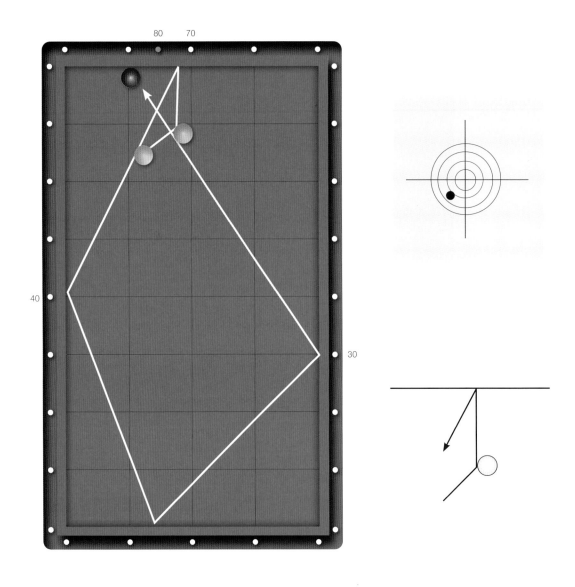

- 중하단에 2.5tip을 주고 강하게 끌어친다.
- OB1과 OB2의 kiss를 피하기 위해 되도록이면 쿠션에 수직으로 들어가는 두께

각 잡아치기

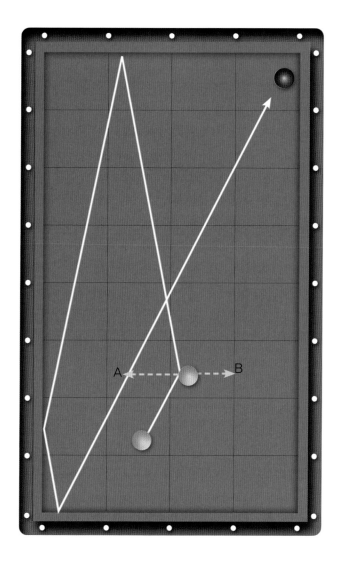

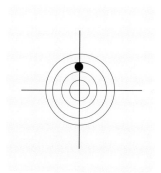

당점은 중단 또는 중상단에 2tip을 준다.

당점은 중상단에 무회전으로 가볍게 밀어친다. 상황에 따라 회전을 주어야 할 때도 있다. 즉 수구와 제1적구가 A쪽으로 이동하면 제 회전력이 필요하지만, B쪽으로 이동하면 반대 회전력이 필요하다.

15 리버스 시스템
(Reverse System)

당점은 중단에 2.5tip 정도 주고 가볍게 밀어친다.

테이블 천(table cloth)이 새 것일 때는 그림대로 가지만, 낡은 것일 때는 ①번 선과 같이 짧아진다.

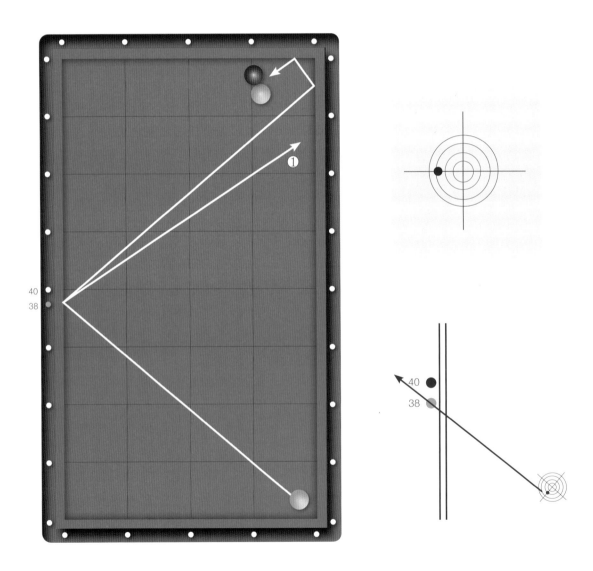

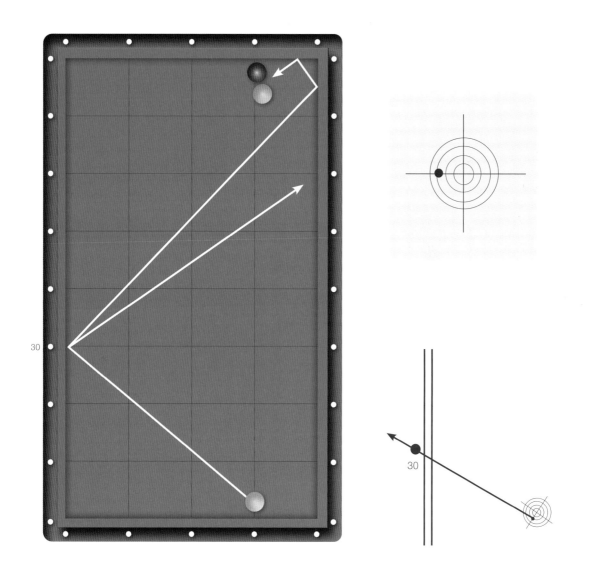

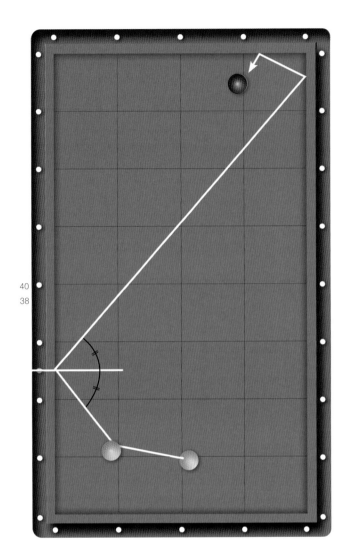

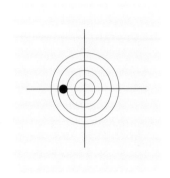

당점은 중단에 2.5tip 정도 주고 가볍게 밀어친다

당점은 중상단에 2tip을 주고 약간 강하게 끊어친다.

C지점 찾는 방법

장쿠션으로부터 제1적구의 중심까지 거리가 C까지의 거리와 같게 한다.

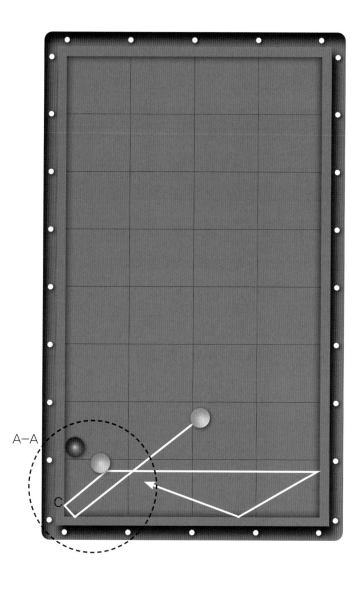

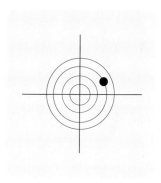

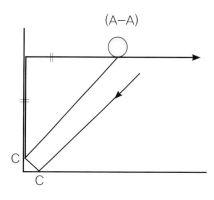

(A-A)

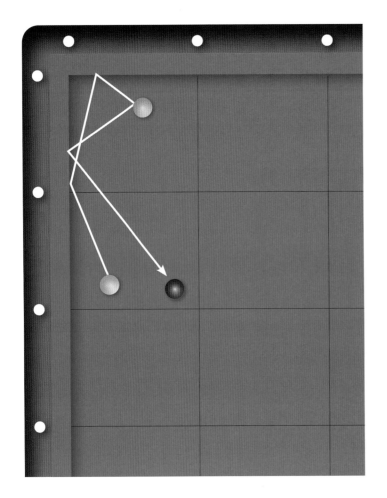
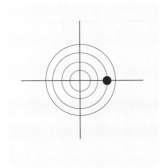

약간 강하게 친다.

키스 샷(Kiss Shot)

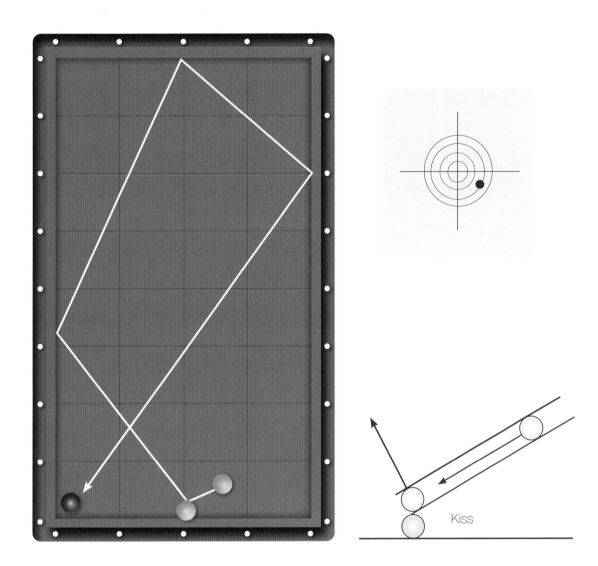

당점은 중하단에 2tip 정도 주고 가볍게 끊어친다.

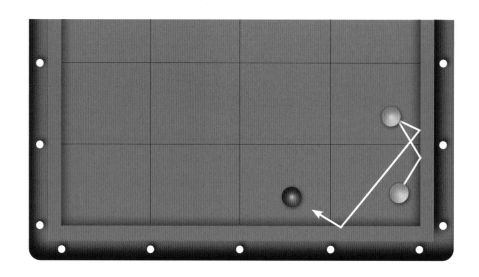

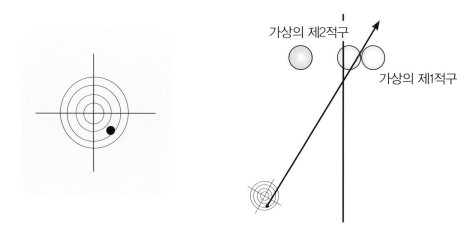

가상의 제2적구

가상의 제1적구

당점은 하단에 2tip을 주고 약간 강하게 끌어친다.

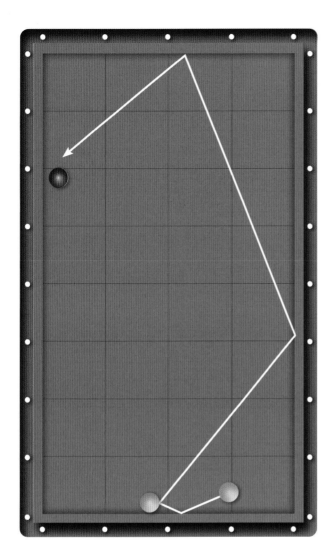

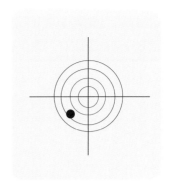

당점은 중하단에 2tip을 주고 약간 가볍게 끌어친다.

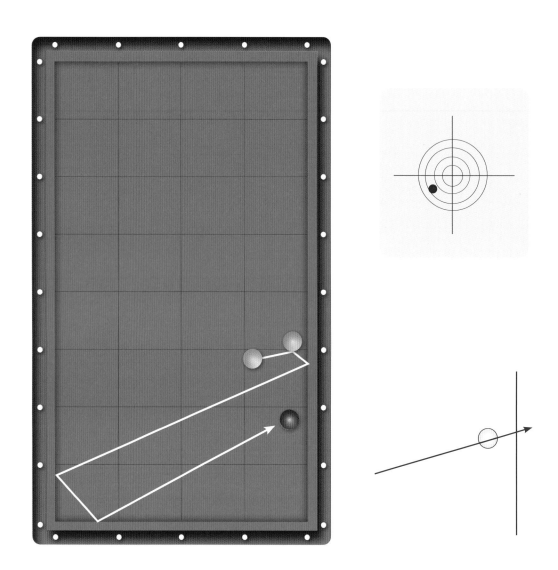

중하단에 2tip을 주고 약간 강하게 끊어친다.

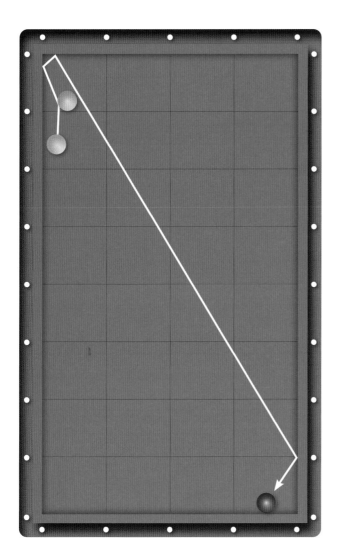

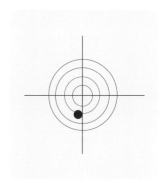

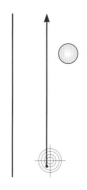

중하단에 1tip을 주고 가볍게 끊어친다.

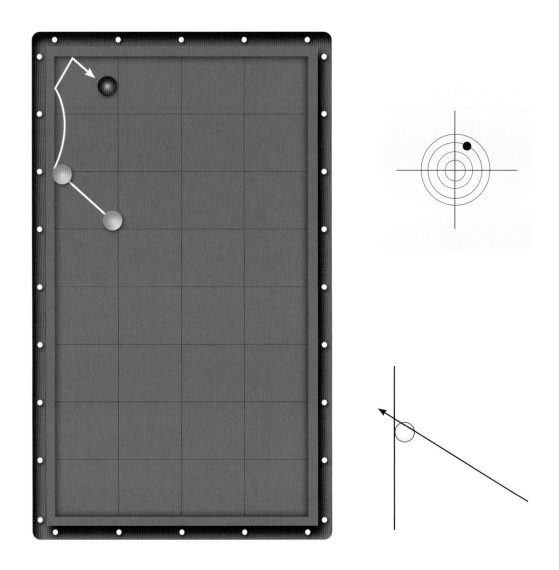

상단에 2tip을 주고 약간 강하게 밀어친다.

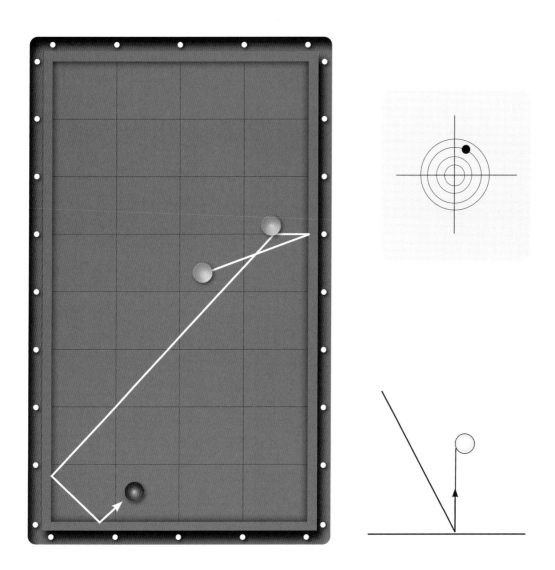

상단에 1.5tip을 주고 강하게 끊어친다.

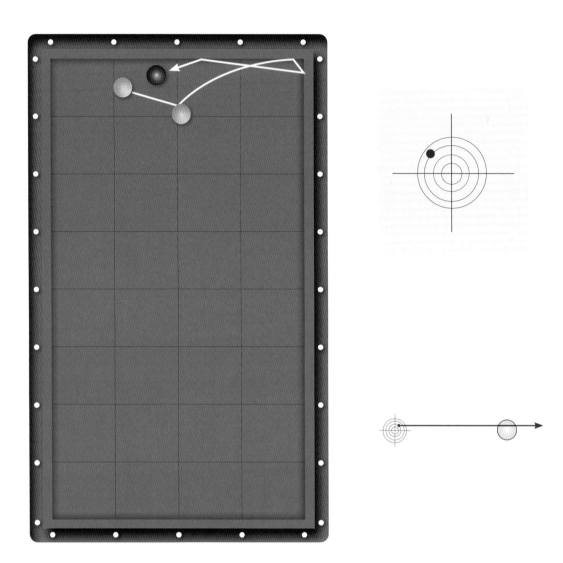

상단에 2tip을 주고 약간 강하게 밀어친다.

더블 레일(Double Rail) 2

상단에 2tip을 주고 약간 강하게 밀어친다.

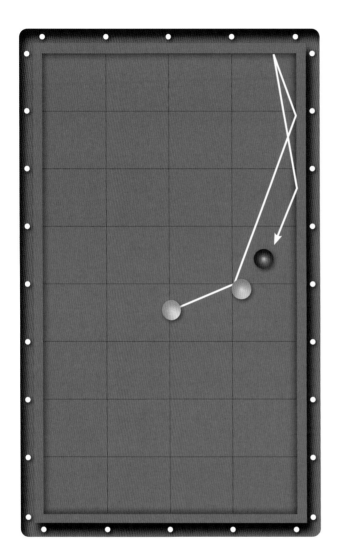

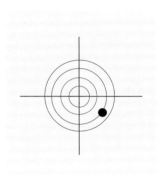

중하단에 2tip을 주고 가볍게 끌어친다.

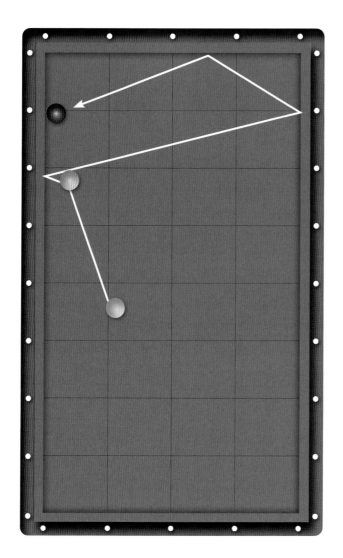

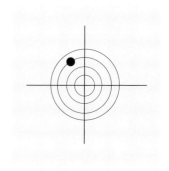

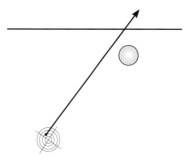

OB1을 두껍게 치면 OB1과
OB2가 Kiss가 난다.

중상단에 2tip을 주고 가볍게 친다.

크로스 테이블 샷의 응용 2

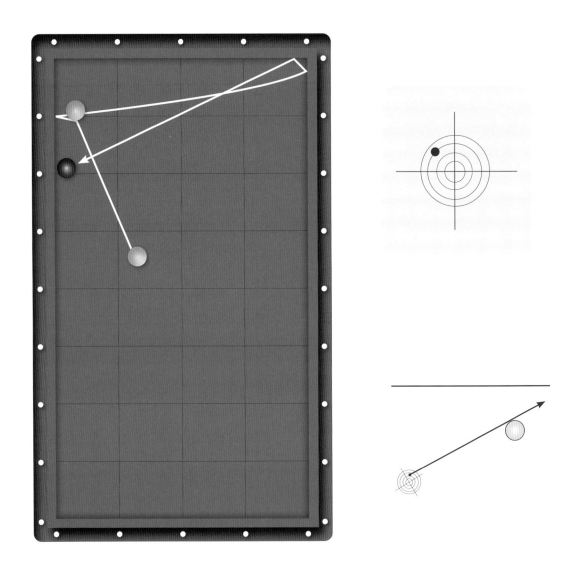

중상단에 2tip을 주고 약간 강하게 밀어친다.

크로스 테이블 샷의 응용 3

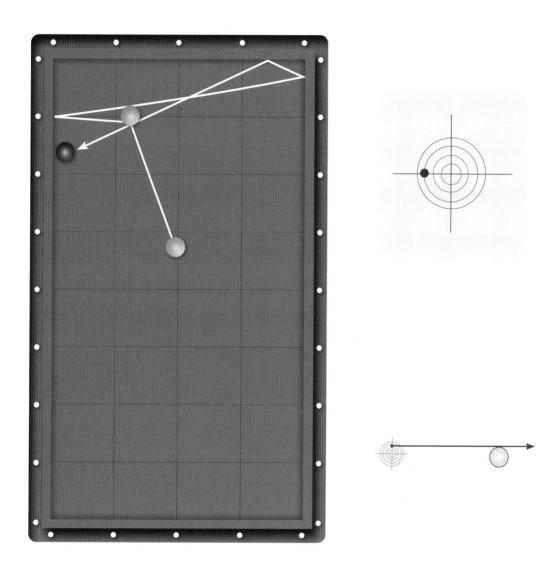

중단에 2.5tip을 주고, 약간 강하게 끊어친다.

크로스 테이블 샷의 긴 쿠션에서의 응용

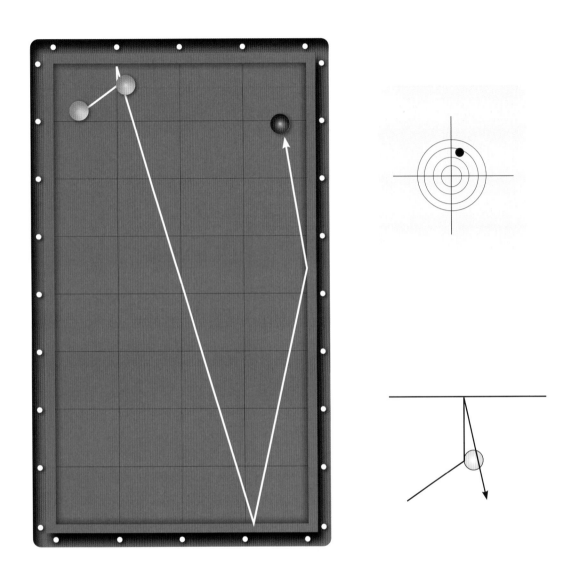

중상단에 1/2tip을 주고 가볍게 밀어친다. 수구가 제1적구를 맞고 쿠션에 거의 수직으로 들어가는 두께를 본다.

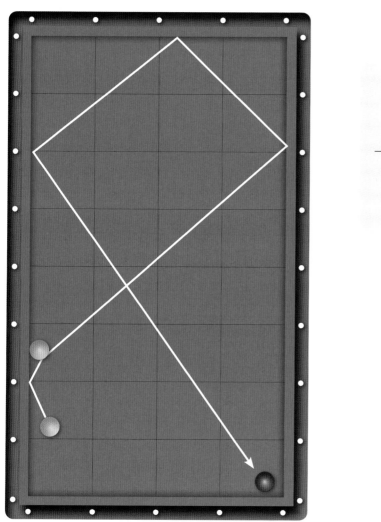

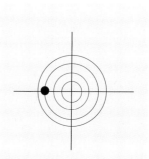

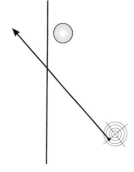

중단에 2.5tip을 주고 가볍게 밀어친다.

스냅(Snab)으로 끌어치는 아웃사이드 앵글 샷

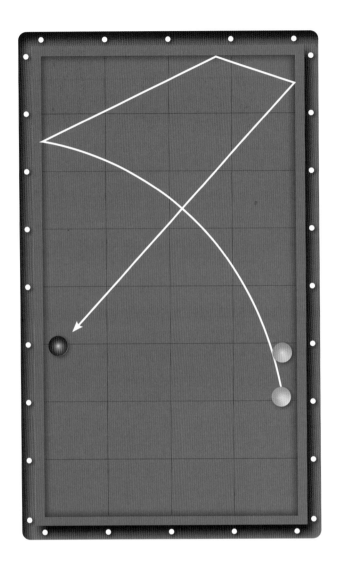

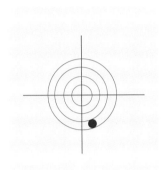

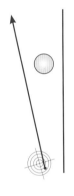

하단에 1tip을 주고 약간 강하게 끌어친다.

긴 비껴치기

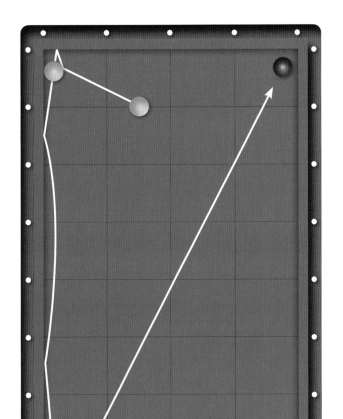

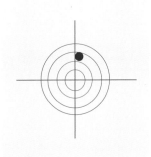

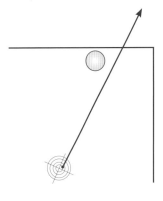

중상단에 1tip을 주고 가볍게 밀어친다.

※ OB와 OB, 그리고 CB의 Kiss를 조심한다.

인사이드 앵글 샷에서의 타임 샷

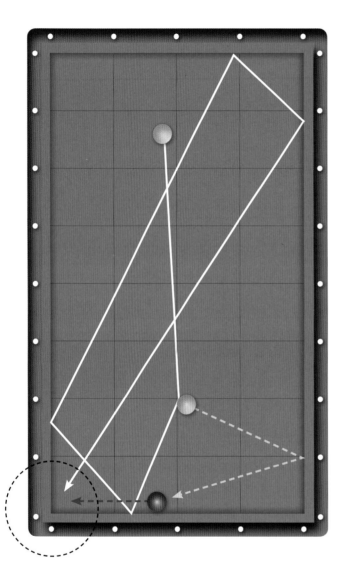

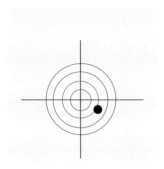

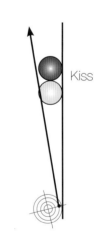
Kiss

큐볼로 제1적구를 1/4 두께로 맞히는 정도의 공 두께를 본다.

이 모양은 적구와 수구가 모두 장쿠션에 붙어 있고, 또 적구 2개가 같이 붙어 있는 모양이다.

중단에 2.5tip을 주고 가볍게 밀어친다.

제2적구가 제1적구와 맞붙어서 점선을 따라 이동한다.

크로스 테이블 샷에서의 타임 샷

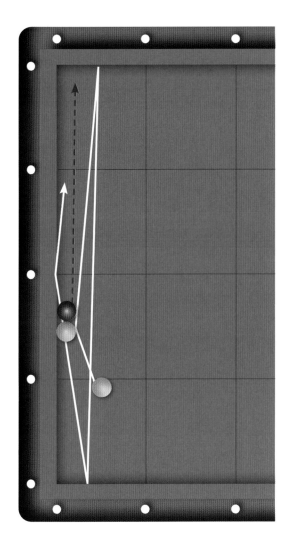

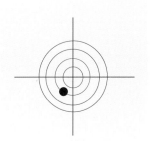

앞장과 마찬가지로 제2적구는 점선따라 이동한다.

이 모양은 적구 2개가 서로 붙어 있고 단쿠션에 붙어있는 모양이다. 중하단에 1.5tip을 주고 가볍게 밀어친다.

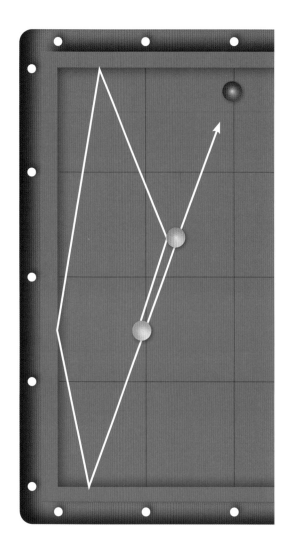
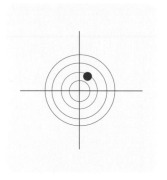

이런 모양은 정상적인 회전력으로는 풀 수 없다. 중상단에 1tip을 주고 가볍게 밀어친다.
회전력은 수구의 진행 방향에 대해 반대 회전력이므로, 첫번째 포인트를 먼저 잡고 공의
두께를 보는 것이 좋다.

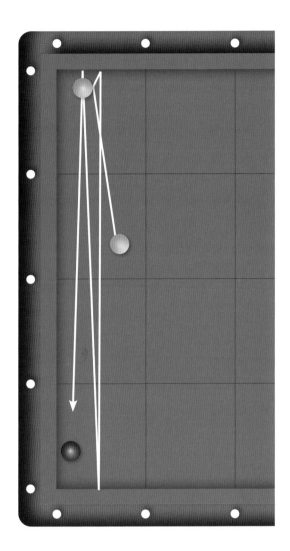

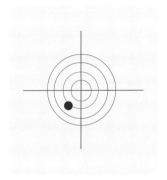

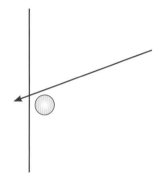

당점은 중하단에 1.5tip을 주고 약간 강하게 끊어친다.

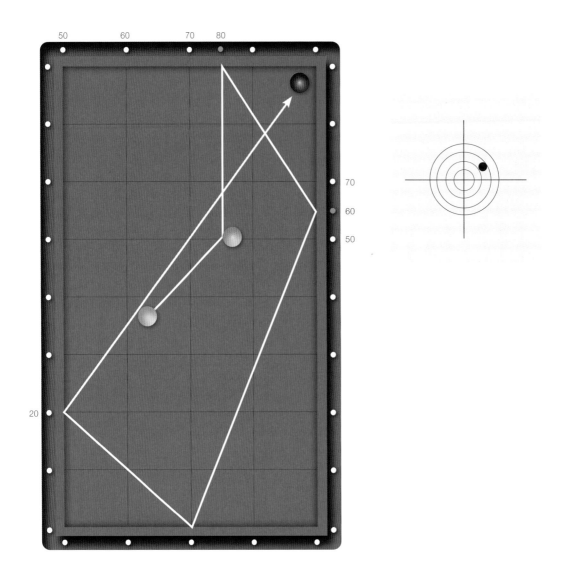

이런 유형의 문제를 풀어칠 때는 수구를 편하게 보낼 수 있는 제1포인트를 찾은 다음, 제3쿠션의 포인트를 빼서 제2쿠션으로 보내면 된다.

타격방법

우상단 1.5tip

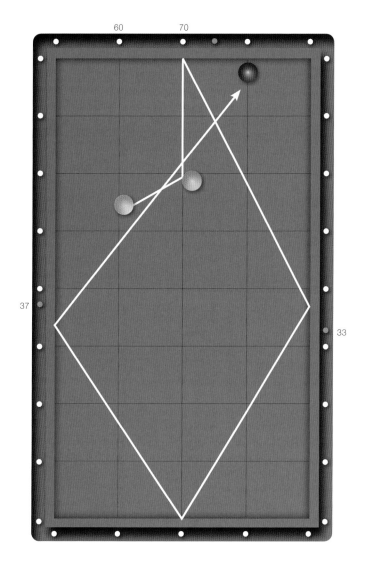

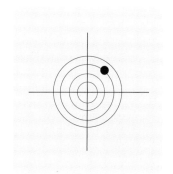

$77 - 37 = 33$

키스 샷

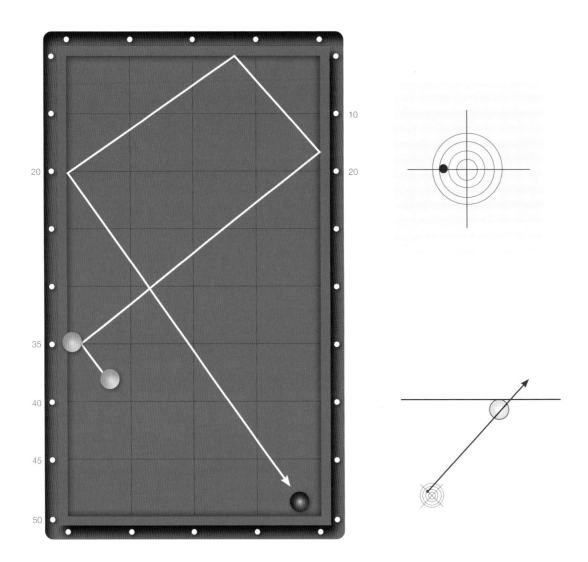

중단에 2tip을 주고 가볍게 끊어친다.

80 − 20 = 60

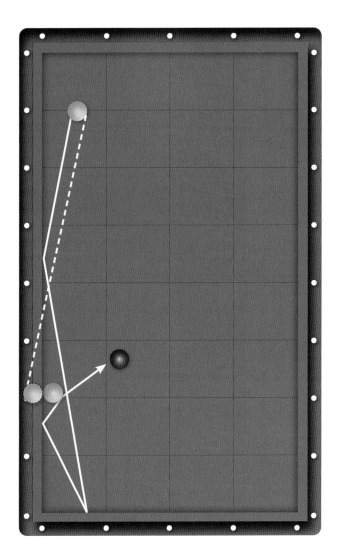

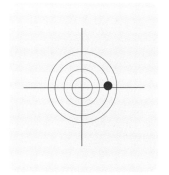

가볍게 밀어친다.

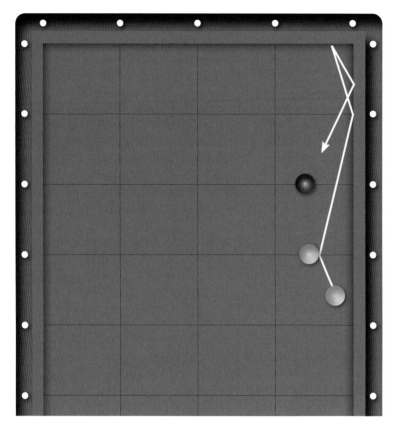
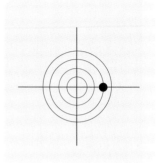

가볍게 끊어친다.

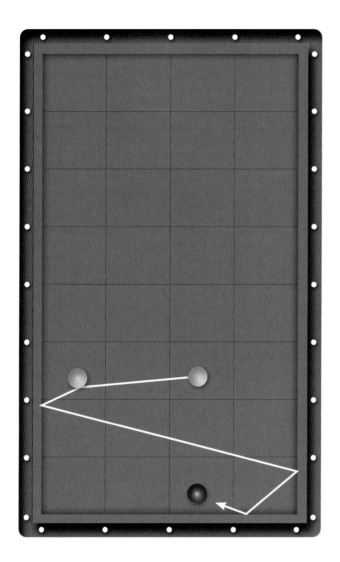

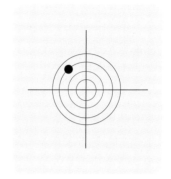

제1적구를 얇게 맞히되 가볍게 밀어친다.

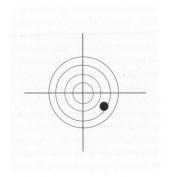

큐를 내미는 기분으로 가볍게 밀어친다.

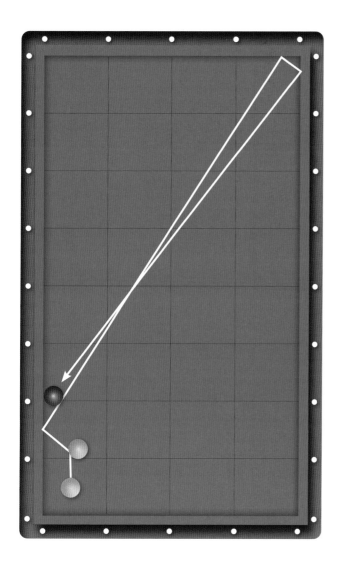

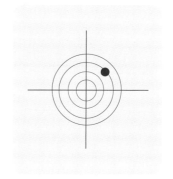

약간 강하게 밀어친다.

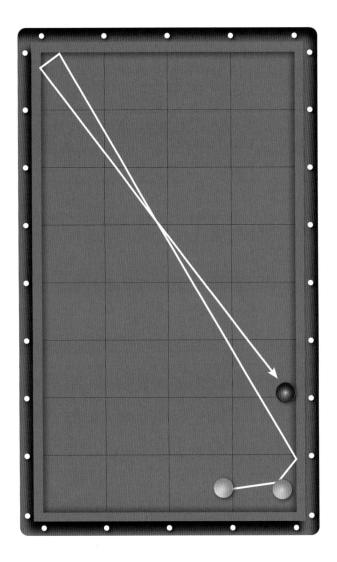

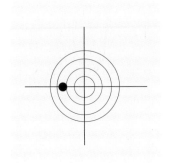

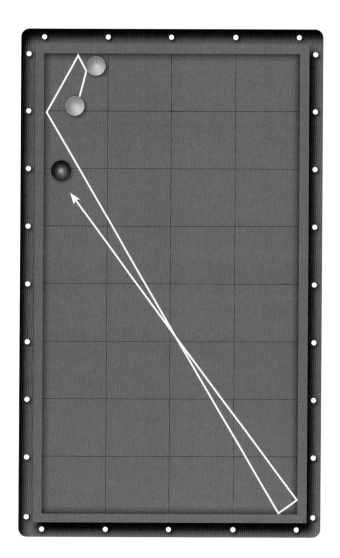

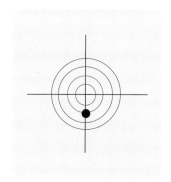

약간 강하게 끊어친다.

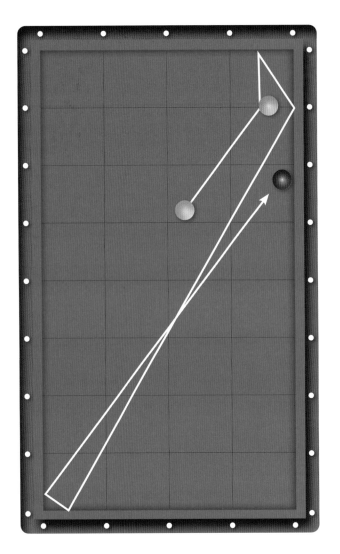

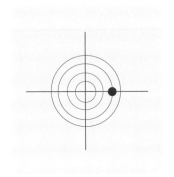

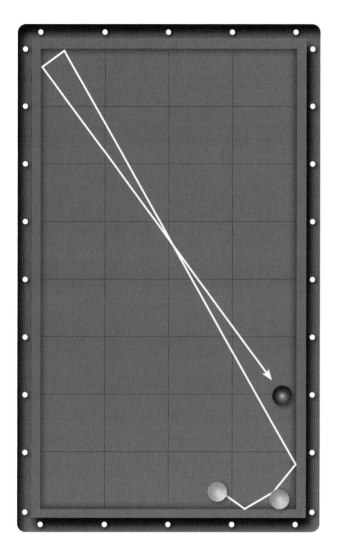

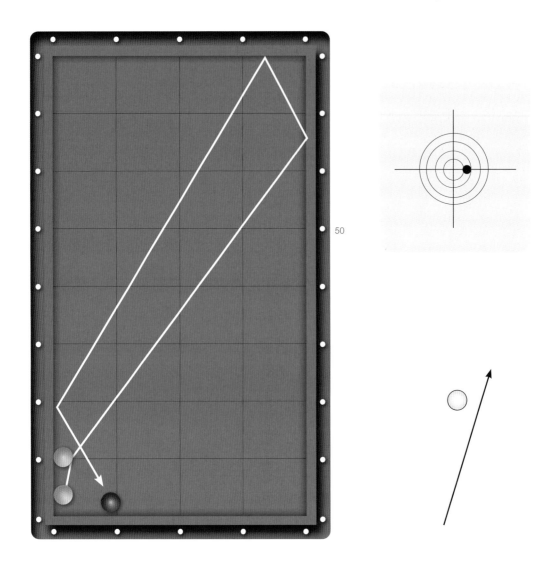

50

중단에 1tip을 주고 가볍게 밀어친다.

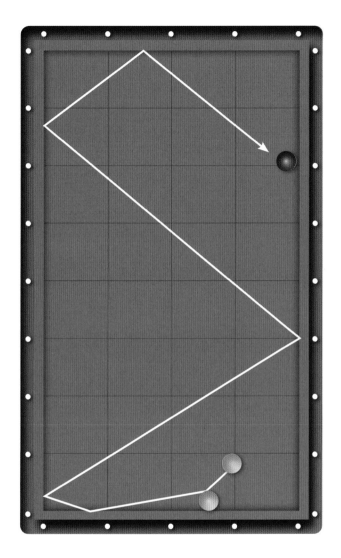

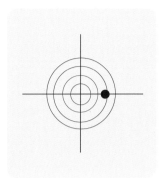

약간 강하고 큐의 스피드가 빠른 타구이다.

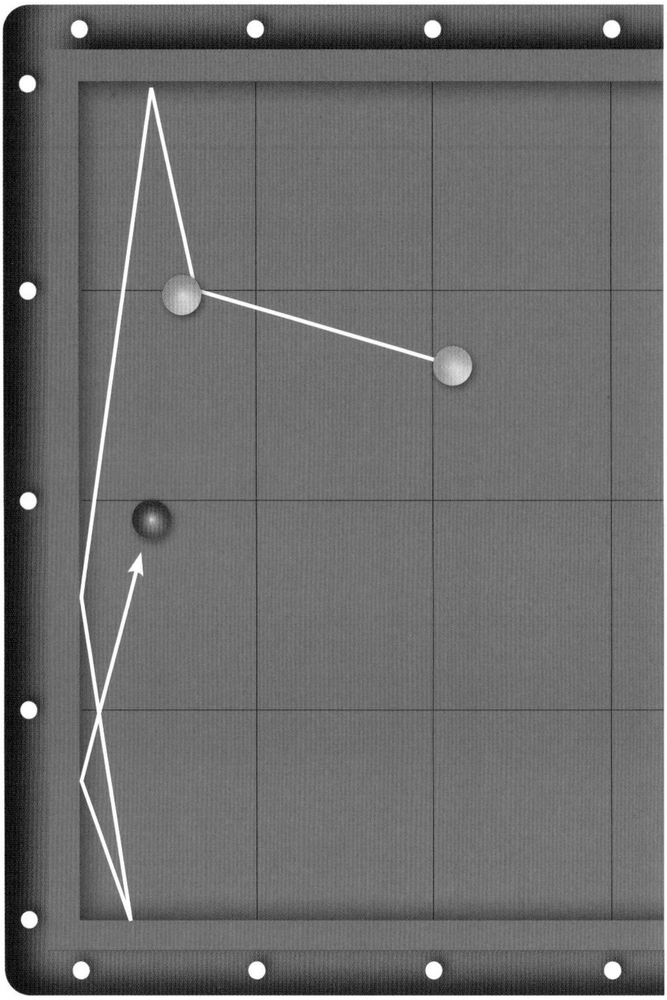

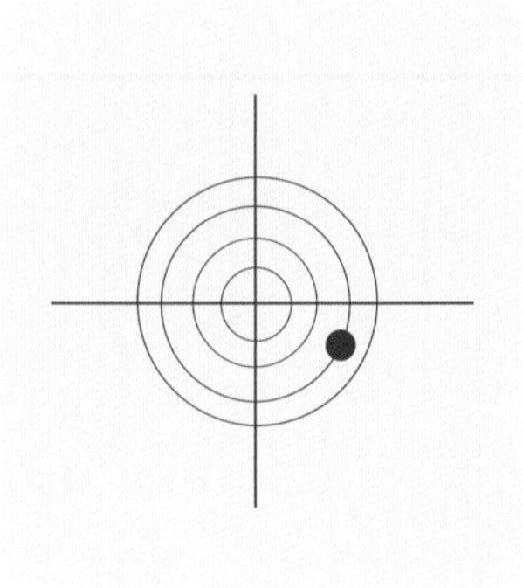

약간 강하게 치되 마지막에 큐를 꽉 잡는다.

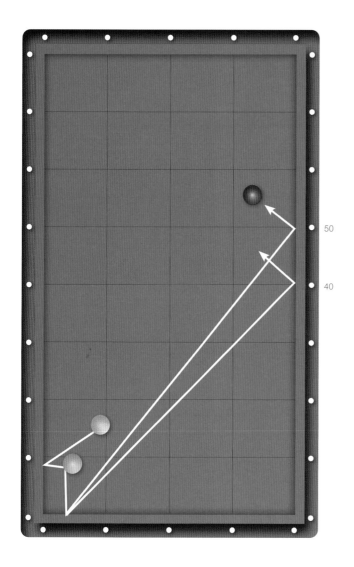

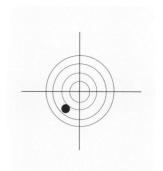

중하단에 2tip을 주고 가볍게 친다.

수구가 제1적구에 1/3 정도의 두께가 맞으면 50포인트로 가지만, 1/3보다 얇게 맞으면 40
포인트 또는 그 이하로 더 짧게 떨어질 수 있다.

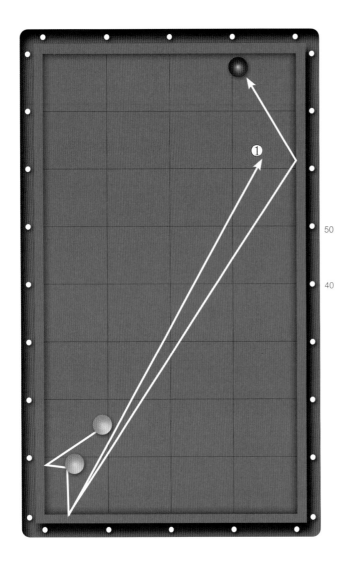
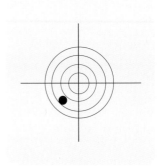

중하단에 2tip을 주고 약간 강하게 끊어친다. 수구를 목적구에 1/2 두께로 맞춘다.

※ 더 두껍거나 강하게 끊기면 ①번 선처럼 더 위에 떨어질 수도 있다.

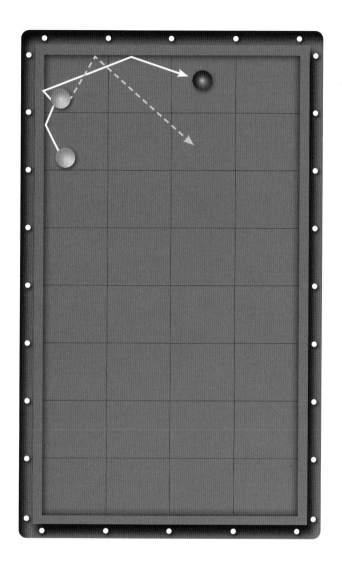

티키 타입(Ticky type)의 응용이다. 제1목적구와 제2목적구의 키스(Kiss)를 조심하면서 약간 강하게 끊어친다.

너무 강하게 끊어치면 2쿠션이 되는 경우가 있다.

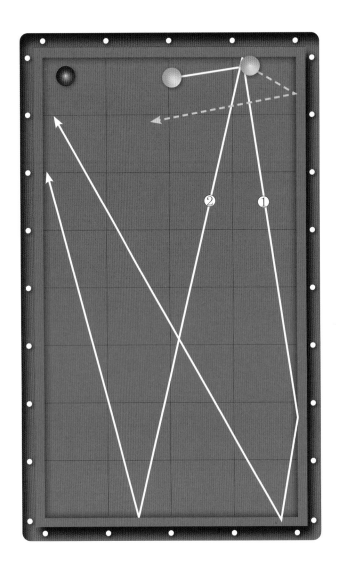

OB1와 OB2가 모두 단쿠션에 근접해 있고 수구 역시 비슷한 위치에 있는 경우이다.

① 제 회전력 1/2 tip을 주고 중하단으로 가볍게 끊어친다. 제1목적구는 점선과 같은 방향으로 진행하므로 키스(Kiss)가 없다.

② 반대 회전력 1/2tip을 주고 중하단으로 가볍게 끊어친다. 더블 쿠션이 된다.

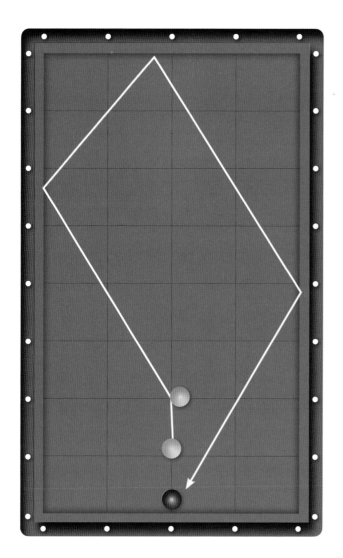

중상단에 무당을 주고 가볍게 밀어친다.

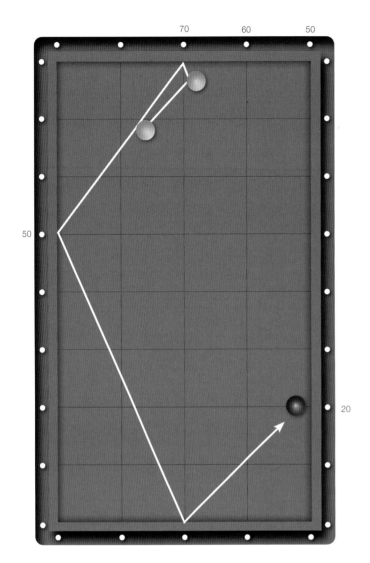

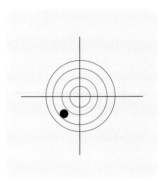

가볍게 끌어친다. 당점은 중하단에 2tip을 준다.

수구의 포인트는 제1적구와 짧은 쿠션이 수직이 되는 포인트이다.

파이브 앤드 하프 시스템을 이용해서 포인트에 맞도록 끌어치기를 하면 된다.

계산법 : 큐볼의 point(70) − 제3쿠션(20) = 제1쿠션(50)

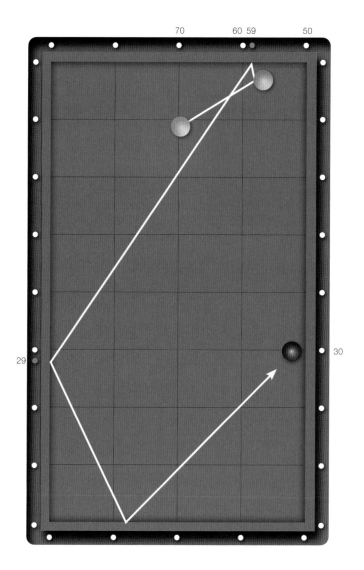

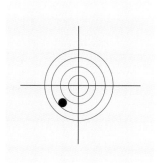

수구를 제1적구에 맞힌 다음, 짧은 쿠션에 수직으로 들어가도록 했을 때 수구가 짧은 쿠션에 맞는 포인트가 수구 포인트이다.

계산법 : 큐볼의 위치 point(59) − 제3쿠션(30) = 제1쿠션(29)

포지션 플레이
(Position play)

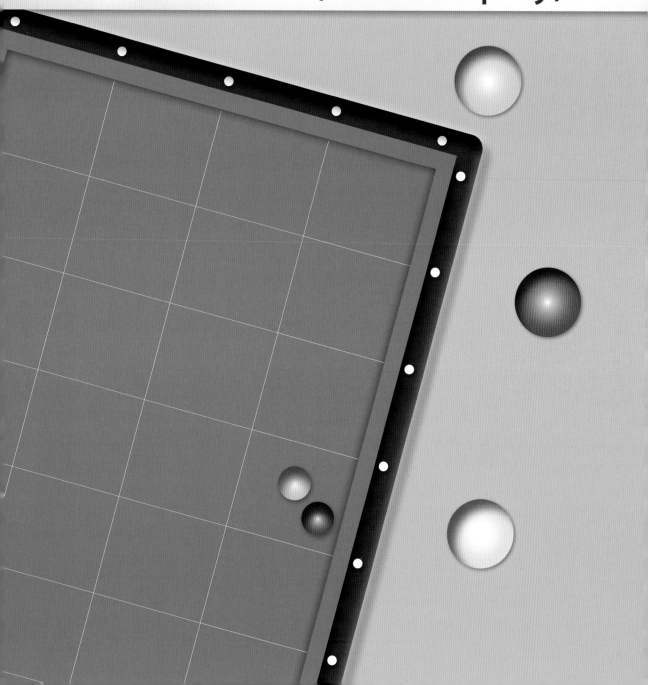

제4장
포지션 플레이(Position Play)

포지션 플레이에서 중요한 것은 힘의 세기(당력)와 위치 선정이다. 힘의 세기가 잘못되어 제 1적구가 쿠션에 붙거나 전혀 엉뚱한 곳으로 가면 다음 플레이하기가 어렵게 된다. 그러므로 제1적구를 어느 곳에 세울 것인가를 먼저 선정한 다음, 당력을 조절하여야 한다.

다음 수구가 제2적구에 맞고 제1적구가 안 보이거나 제2적구가 엉뚱한 위치로 이동하면 역시 다음 플레이가 곤란하므로 수구의 위치도 잘 선정해야 한다. 이번 장에서는 기본적인 포지션 플레이를 그림으로 그려 놓았다. 여러분이 한 번씩 실전에 응용해 보기 바란다.

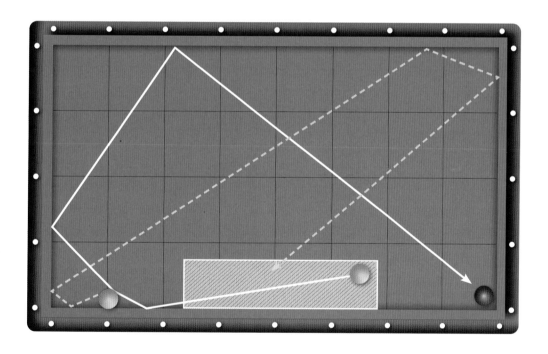

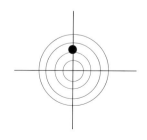

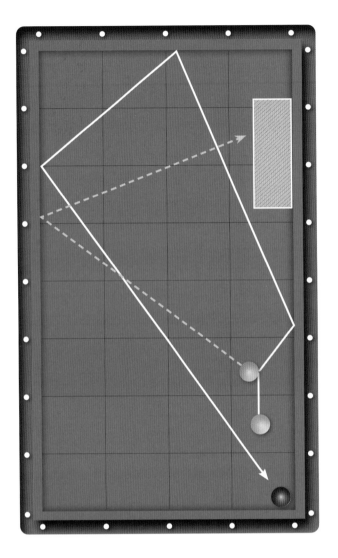

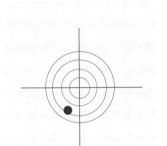

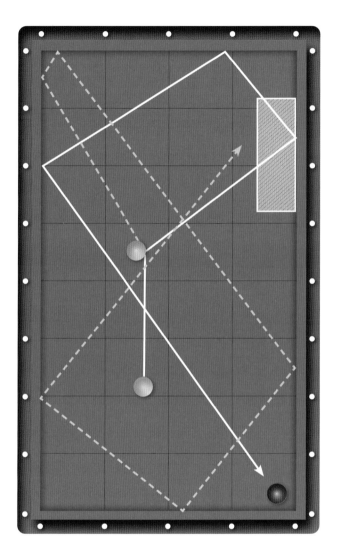

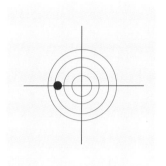

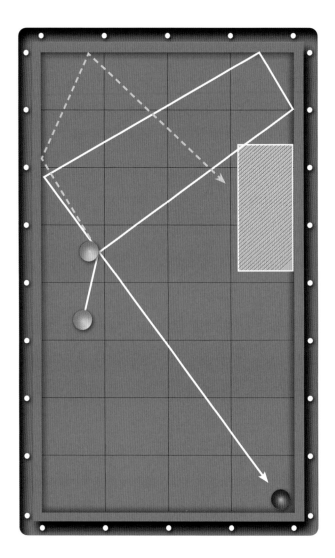

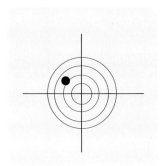

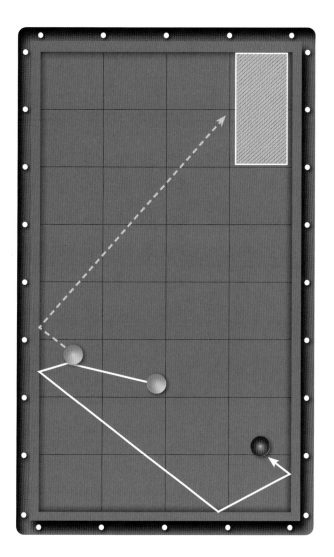
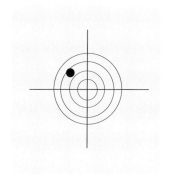

OB1을 얇게 맞추면 포지션 플레이가 안 된다.

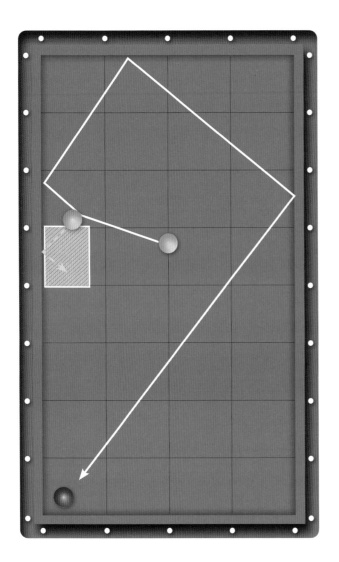

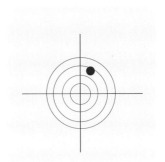

OB1을 얇게 맞춰야 한다.

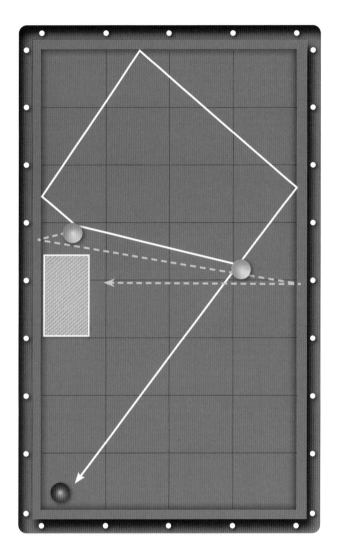

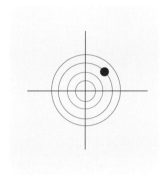

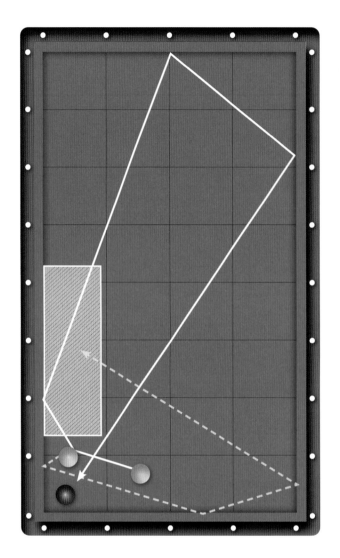
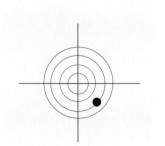

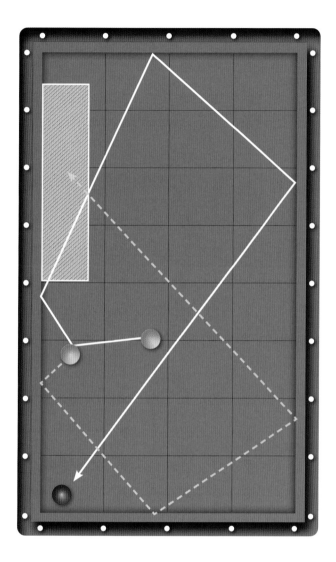

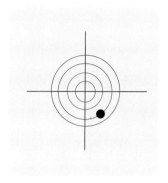

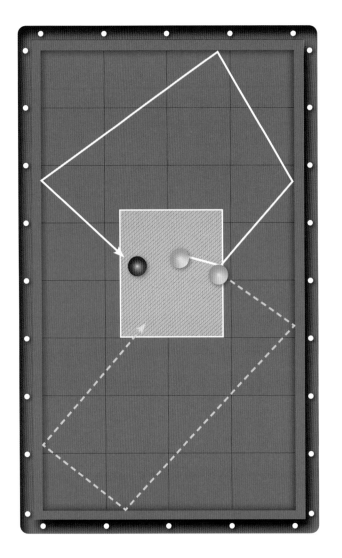

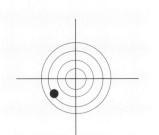

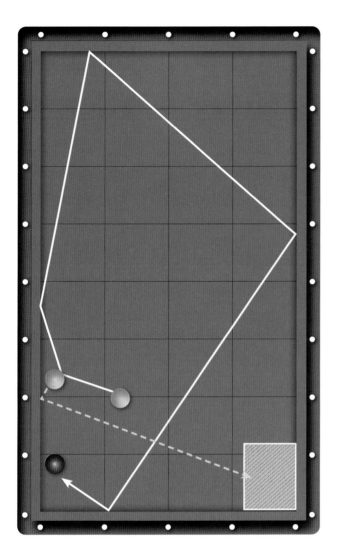

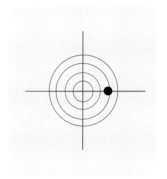

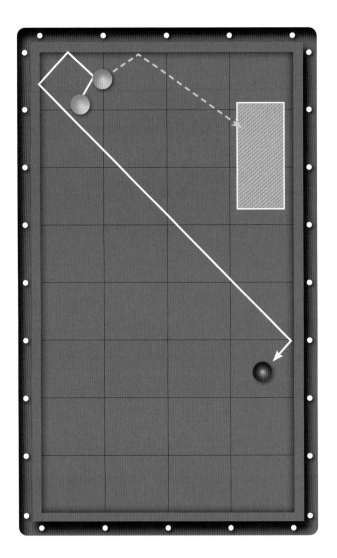
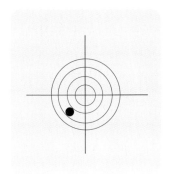

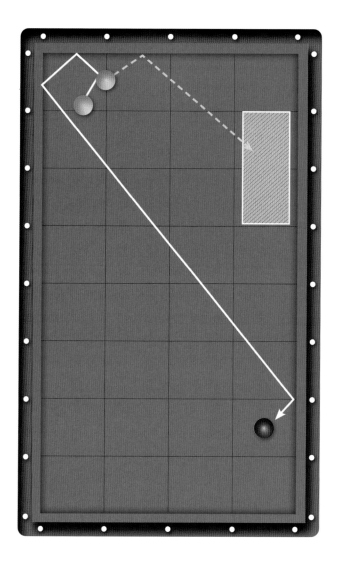

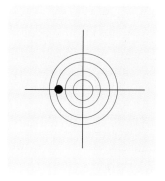

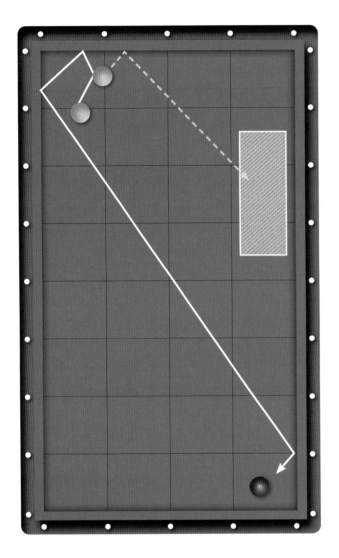

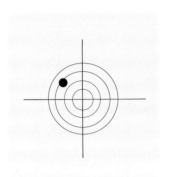

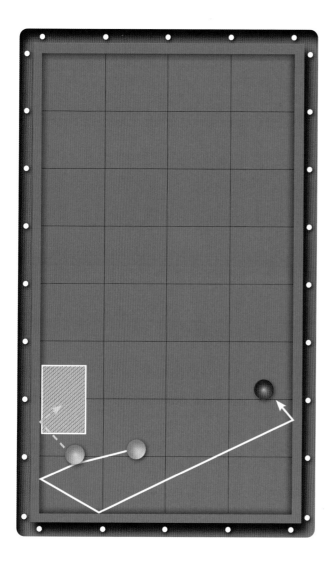

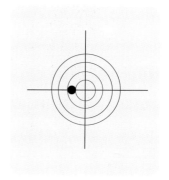

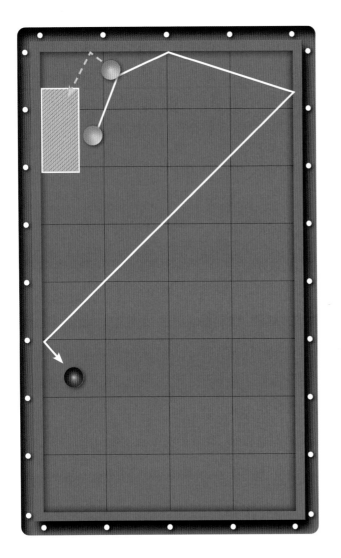
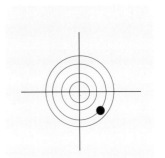

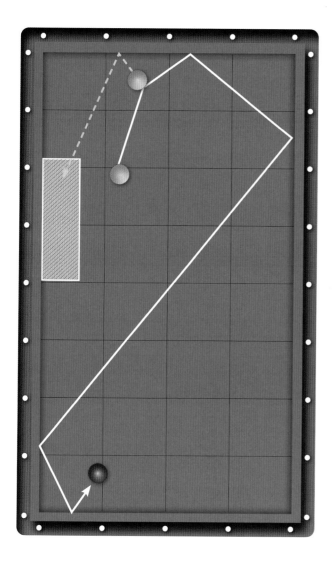

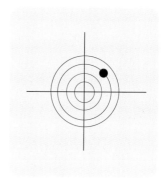

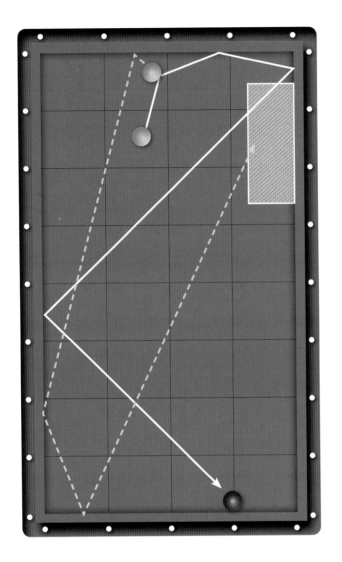

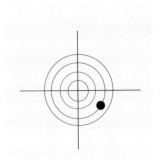

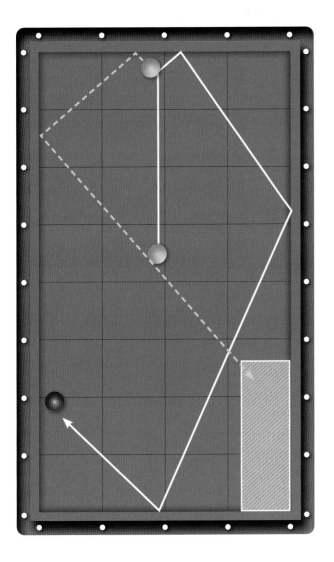

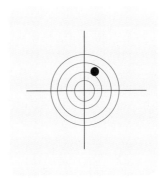

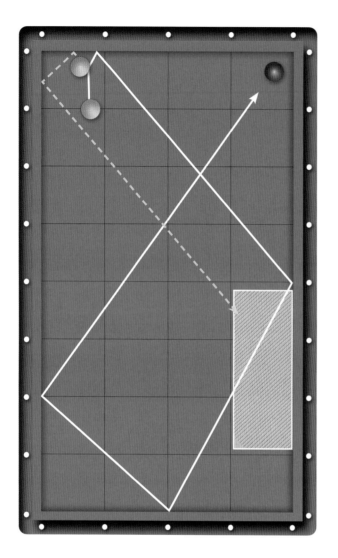

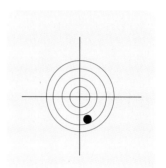

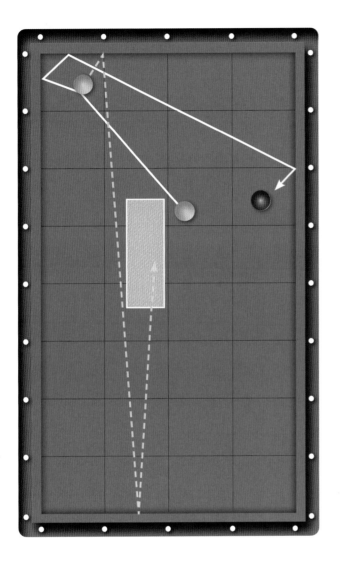

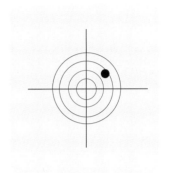

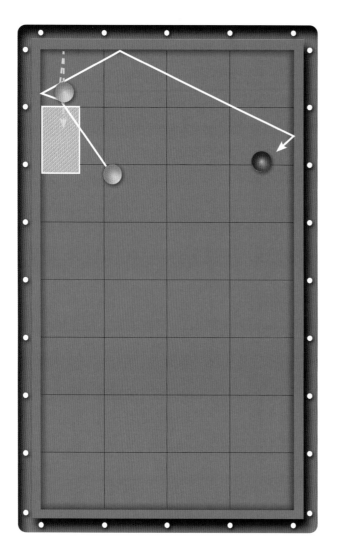
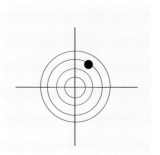

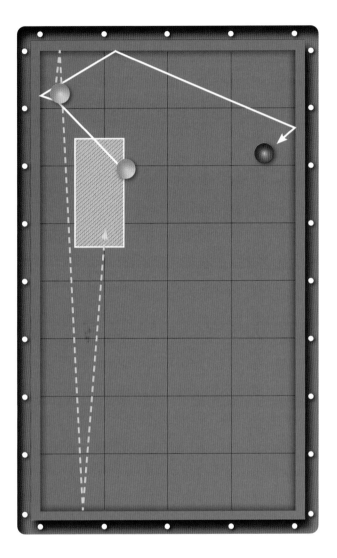

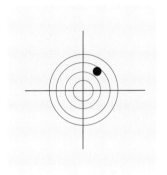

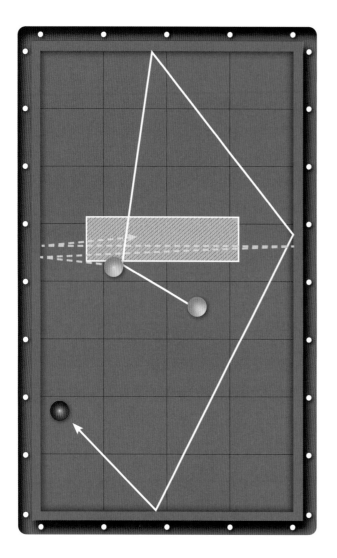

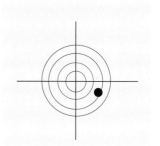

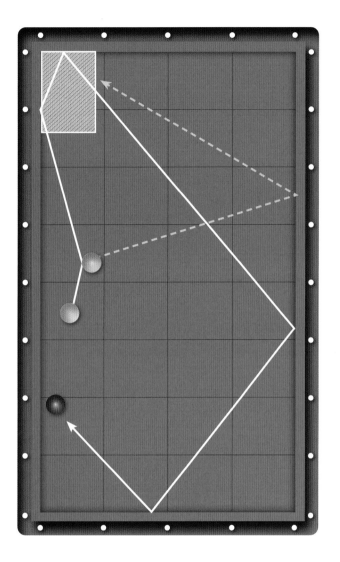

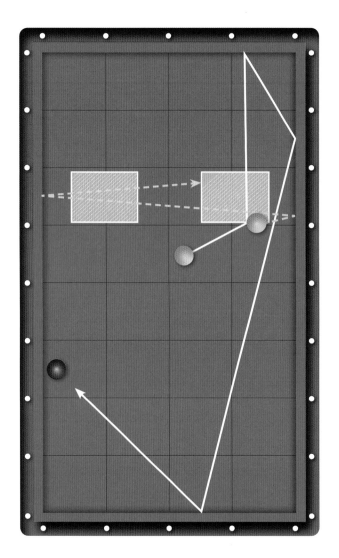
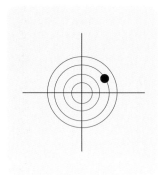

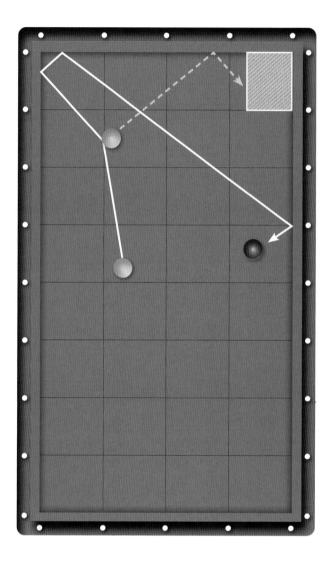

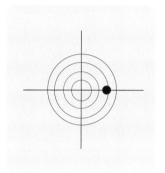

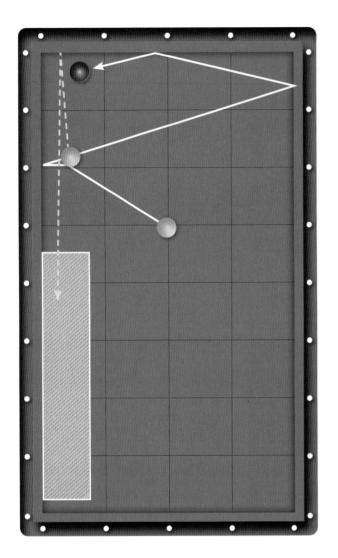

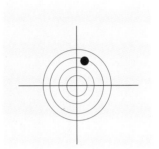

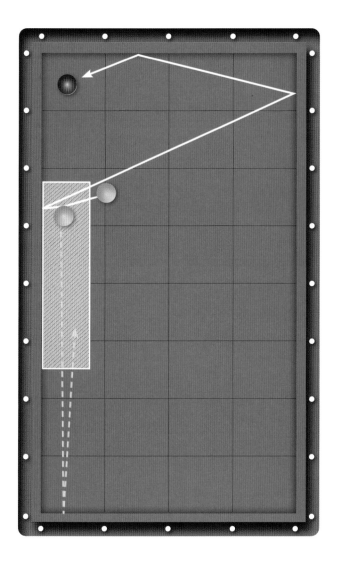

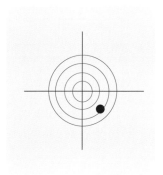

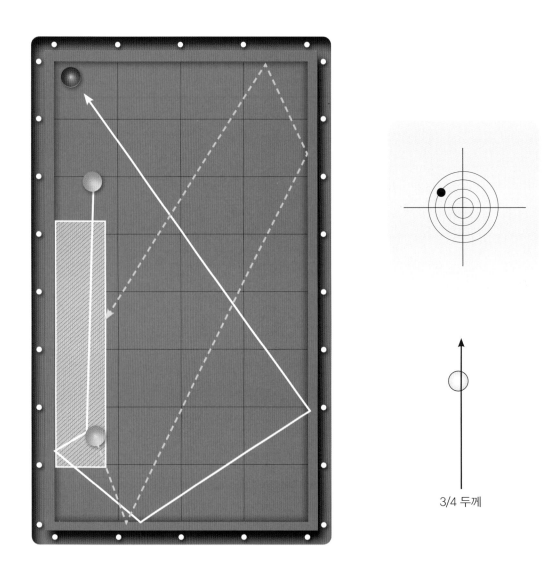

3/4 두께

중상단에 2tip을 주고 약간 강하게 밀어친다. 두께는 제1적구에 대한 2/3 또는 3/4 두께
로 본다.

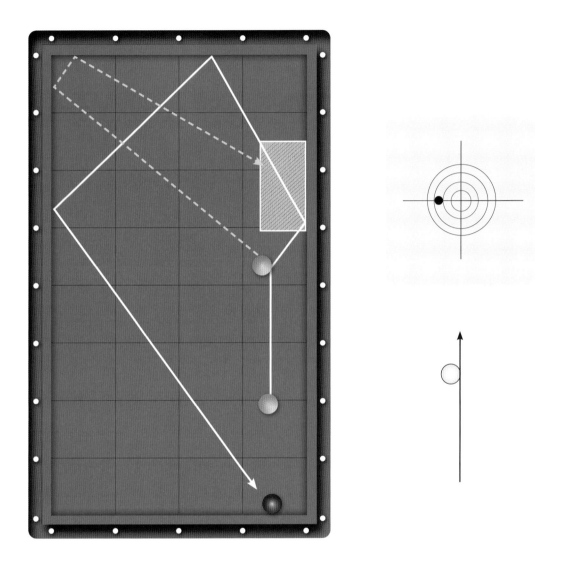

중단에 2tip을 주고 가볍게 밀어친다. 제1적구의 1/2 두께를 보고 샷을 한다.

디펜스 플레이
(Defence play)

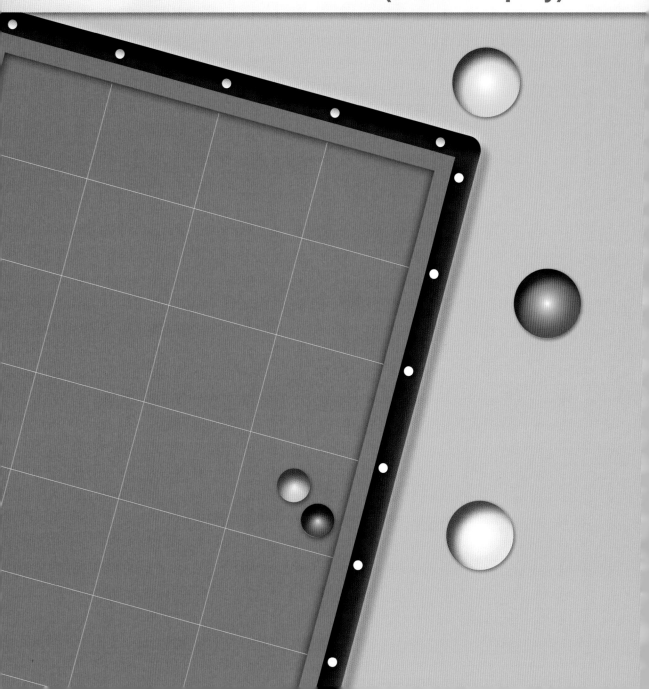

제5장

디펜스 플레이(Defence Play)

 방어 플레이란 자신이 미스하였을 때 상대방이 치기 어려운 모양을 만드는 것이다. 기본적인 방어 플레이는 상대방 수구로부터 멀리 떨어뜨리고 빨간 공과 자신의 공을 가깝게 만든다(30cm 정도).

풀어낼 확률이 높은 모양은 방어보다 공격이다(포지션 플레이를 할 수 있는 경우는 방어보다 포지션 플레이가 우선이다).

미스할 확률이 높은 경우는 방어 플레이가 우선이다. 방어와 포지션 플레이를 병행한다면 가장 좋다.

어느 공을 제1적구로 결정하느냐에 따라 디펜스 플레이의 양상이 크게 달라지므로 제일 중요한 것이 제1적구의 선택이다.

※ 이번 장 역시 제4장과 마찬가지로 그림으로만 설명하고 있다. 독자 여러분이 직접 쳐 보기 바란다.
- 흰선 : 정상적인 코스
- 점선 : 미스하였을 때의 코스
- 엷은 바탕 : 제1적구(상대방의 수구)의 위치
- 상대방 수구 :

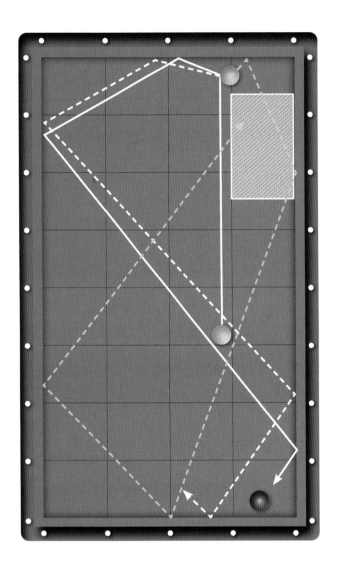

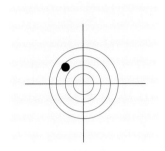

회전력이 많으면 수구가 정코스(흰 선)대로 움직이는 것이 아니라 점선대로 움직여서 짧게 떨어진다. 이렇게 미스가 나올 때, 상대방에게 좋은 공을 주고 싶지 않을 때에는 방어 플레이를 하는 것이 좋다.

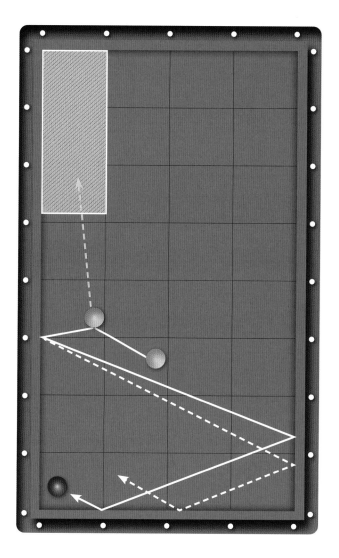

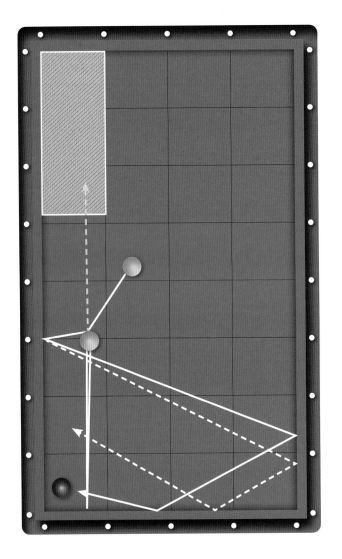

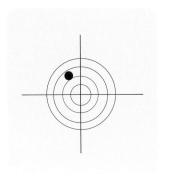

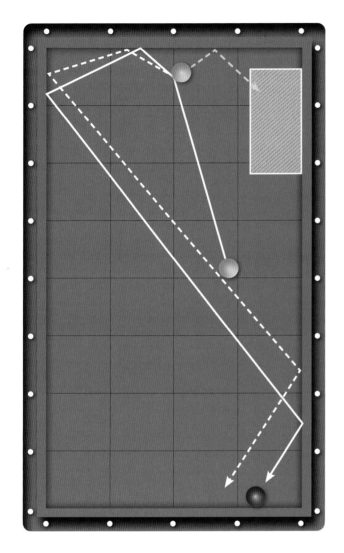

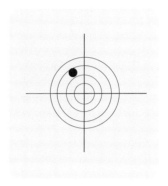

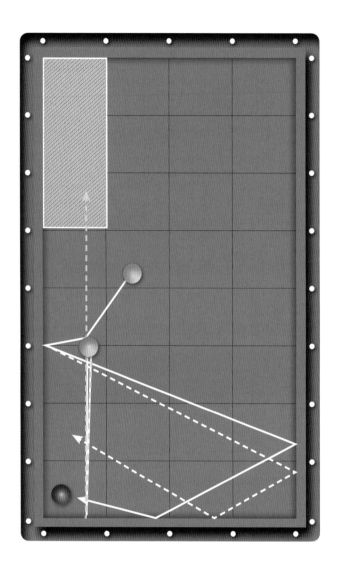

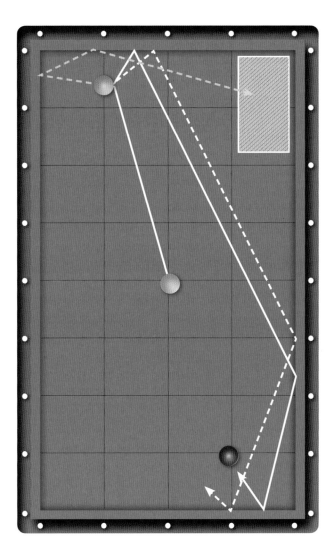

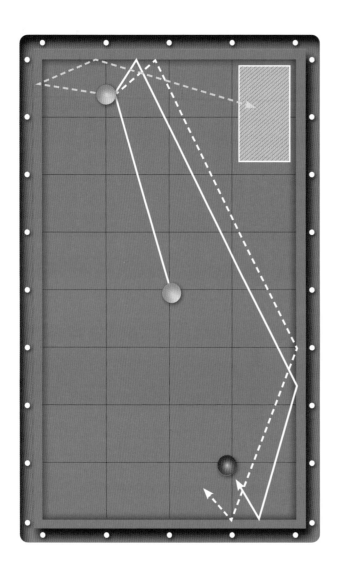

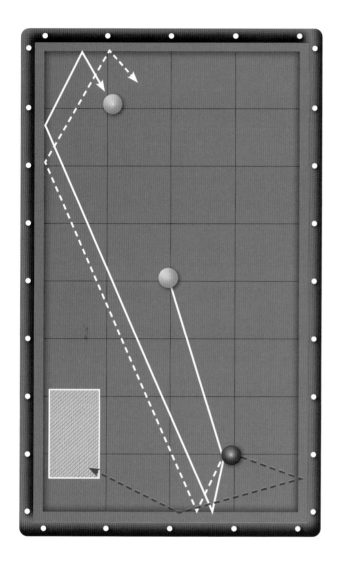

앞장과 같은 모양에서 상대의 수구를 제1적구로 하면 방어 플레이를 할 수 있지만, 이 그림과 같이 상대의 수구를 제2적구로 하면 미스를 범했을 때, 상대에게 득점하기 유리한 좋은 모양의 공을 줄 수가 있다. 그러므로 어떤 모양이 있을 때 제1적구를 어떤 공으로 하느냐 하는 문제는 굉장히 중요하다.

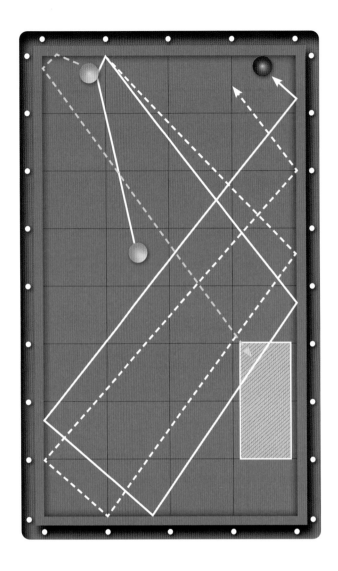

이때 제1적구를 너무 얇게 맞추면 방어(defence) 의도가 실패할 수 있다.

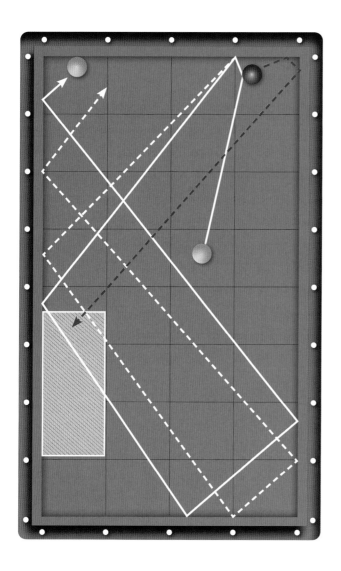

이 경우도 제1적구를 잘못 선택해서 미스를 범했을 때 생기는 모양이다.

앞장과 마찬가지로 제1적구를 너무 얇게 맞추지 않아야 한다.

3쿠션 경기의 고득점을 위한

당구 3쿠션 실전게임
billiards 3cushion actual game

3쇄 수정 발행 2020년 10월 30일

저 자 황창영

펴낸이 남병덕

펴낸곳 전원문화사

주 소 서울시 강서구 화곡로 43가길 30 2층
T.(02)6735-2100, F.(02)6735~2103

등 록 1999. 11. 16. 제1999-053호